LA COTTURA LENTA CROCKPOT 2022

SQUISITE RICETTE FACILI DA FARE

MARINELLA TAVOLACCI

Sommario

Crockpot pollo e salsiccia 24

INGREDIENTI 24

PREPARAZIONE 25

Barbecue di pollo crockpot 26

INGREDIENTI 26

PREPARAZIONE 26

Pollo arrosto all'aglio 27

INGREDIENTI 27

PREPARAZIONE 28

Crockpot Chicken Chow Mein 29

INGREDIENTI 29

PREPARAZIONE 30

Cordon Bleu di pollo Crockpot 31

INGREDIENTI 31

PREPARAZIONE 31

Cordon Bleu di pollo Crockpot 33

INGREDIENTI 33

PREPARAZIONE 33

Cena di pollo crockpot con paprika affumicata e verdure 34

INGREDIENTI 34

PREPARAZIONE 35

Enchiladas di pollo crockpot 36

INGREDIENTI 36

PREPARAZIONE 36

Ricetta Crockpot pollo fricassea 37

INGREDIENTI 37

PREPARAZIONE 38

Lasagne Di Pollo Crockpot 39

INGREDIENTI 39

PREPARAZIONE 39

Crockpot Chicken Ruben Casseruola 41

INGREDIENTI 41

PREPARAZIONE 41

Pollo Crockpot Robusto 42

INGREDIENTI 42

PREPARAZIONE 42

Pollo Crockpot Con Carciofi 43

INGREDIENTI 43

PREPARAZIONE 44

Pollo Crockpot con senape di Digione ... 45

INGREDIENTI ... 45

PREPARAZIONE ... 45

Pollo Crockpot con Pasta ... 46

INGREDIENTI ... 46

PREPARAZIONE ... 46

Pollo Crockpot Con Riso ... 47

INGREDIENTI ... 47

PREPARAZIONE ... 47

Pollo Crockpot Con Pomodori ... 48

INGREDIENTI ... 48

PREPARAZIONE ... 48

Ricetta Crockpot Cola polloCola ... 49

INGREDIENTI ... 49

PREPARAZIONE ... 49

Crockpot pollo aglio e timo ... 50

INGREDIENTI ... 50

PREPARAZIONE ... 50

Crockpot pollo alle erbe con ripieno ... 51

INGREDIENTI ... 51

PREPARAZIONE ... 52

Pollo ripieno di crockpot	53
INGREDIENTI	53
PREPARAZIONE	54
Ricetta Crockpot di pollo in agrodolce	55
INGREDIENTI	55
PREPARAZIONE	56
Pollo al limone di Dawn	57
INGREDIENTI	57
PREPARAZIONE	57
Crockpot di pollo e ripieno di Debbie	58
INGREDIENTI	58
PREPARAZIONE	59
Il pollo di Diana alla King	60
INGREDIENTI	60
PREPARAZIONE	60
Pollo Aneto e Verdure	61
INGREDIENTI	61
PREPARAZIONE	61
Ricetta di pollo in agrodolce di Don	62
INGREDIENTI	62
PREPARAZIONE	63

Pollo facile al formaggio a cottura lenta 64

INGREDIENTI 64

PREPARAZIONE 64

Pollo Facile Con Mandorle 65

INGREDIENTI 65

PREPARAZIONE 66

Pollo Facile Con Patate 67

INGREDIENTI 67

PREPARAZIONE 67

Crockpot di pollo e verdure facile 68

INGREDIENTI 68

PREPARAZIONE 69

Easy Crockpot Chicken Santa Fe di Cindy 70

INGREDIENTI 70

PREPARAZIONE 70

Pollo Crockpot Facile Con Noodles 71

INGREDIENTI 71

PREPARAZIONE 71

Easy Crockpot Pepper Jack Chicken 72

INGREDIENTI 72

PREPARAZIONE 72

Pollo Condito All'italiana Facile 73

INGREDIENTI 73

PREPARAZIONE 73

Easy Pepper Jack Chicken Pepper 74

INGREDIENTI 74

PREPARAZIONE 74

Involtini di pollo ripieni facili 75

INGREDIENTI 75

PREPARAZIONE 76

Ricetta Chili Di Pollo Bianco Preferita 77

INGREDIENTI 77

PREPARAZIONE 78

Pollo all'aglio Alfredo 79

INGREDIENTI 79

PREPARAZIONE 79

Pollo greco con petto di pollo e pomodori, pentola a cottura lenta 80

INGREDIENTI 80

PREPARAZIONE 81

Pollo alle erbe con riso selvatico, pentola a cottura lenta 82

INGREDIENTI 82

PREPARAZIONE 83

Pollo al miele e zenzero 84

INGREDIENTI 84

PREPARAZIONE 84

Pollo in agrodolce, pentola a cottura lenta 85

INGREDIENTI 85

PREPARAZIONE 85

Pollo Italiano Con Broccoli E Salsa Di Panna 86

INGREDIENTI 86

PREPARAZIONE 87

Pollo all'italiana con spaghetti, pentola a cottura lenta 88

INGREDIENTI 88

PREPARAZIONE 89

Cordon Bleu . di pollo a cottura lenta Karla's 90

INGREDIENTI 90

PREPARAZIONE 90

Il pollo in agrodolce di Kathy 91

INGREDIENTI 91

PREPARAZIONE 91

Pollo Crockpot pigro con funghi 92

INGREDIENTI 92

PREPARAZIONE 92

Petto di pollo al limone e rosmarino 93

INGREDIENTI 93

PREPARAZIONE 93

Pollo Leggero Alla Stroganoff 94

INGREDIENTI 94

PREPARAZIONE 95

Crockpot di pollo glassato di Lori 96

INGREDIENTI 96

PREPARAZIONE 97

Pollo di Marie al vino 98

INGREDIENTI 98

PREPARAZIONE 98

Pollo al curry con marmellata 99

INGREDIENTI 99

PREPARAZIONE 99

Pollo alla Mediterranea 100

INGREDIENTI 100

PREPARAZIONE 101

Pollo in agrodolce di Michelle, pentola a cottura lenta 102

INGREDIENTI 102

PREPARAZIONE 103

Pollo al formaggio Nachocho 104

INGREDIENTI 104

PREPARAZIONE 104

Pollo facile di Nancys 105

INGREDIENTI 105

PREPARAZIONE 105

Ricetta di pollo all'arancia, pentola a cottura lenta 106

INGREDIENTI 106

PREPARAZIONE 106

Pollo e riso cremosi di Paige, pentola a cottura lenta 107

INGREDIENTI 107

PREPARAZIONE 107

Pollo alla paprika con gnocchi 109

INGREDIENTI 109

• Ravioli 109

PREPARAZIONE 110

Pollo cremoso di Pat 111

INGREDIENTI 111

PREPARAZIONE 111

Pollo alla pesca 112

INGREDIENTI 112

PREPARAZIONE 112

Ricetta Provinciale Di Pollo 113

INGREDIENTI 113

PREPARAZIONE 114

Pollo affumicato di Rose-Marie 115

INGREDIENTI 115

PREPARAZIONE 115

Pollo Stile Rustico Con Funghi E Pomodori 117

INGREDIENTI 117

PREPARAZIONE 117

Il pollo di Sally con le olive 118

INGREDIENTI 118

PREPARAZIONE 119

Pollo arrosto facile di Geoff con salsa 120

INGREDIENTI 120

PREPARAZIONE 120

Pollo all'ananas allo zenzero 121

INGREDIENTI 121

PREPARAZIONE 121

Pollo alla greca 122

INGREDIENTI 122

PREPARAZIONE 122

Bacchette Hawaiane 123

INGREDIENTI 123

PREPARAZIONE 123

Pollo Alle Erbe Con Verdure 124

INGREDIENTI 124

PREPARAZIONE 125

Pollo alle erbe con riso selvatico 126

INGREDIENTI 126

PREPARAZIONE 127

Pollo al miele e zenzero 128

INGREDIENTI 128

PREPARAZIONE 129

Pollo alla brace con miele e patate dolci 130

INGREDIENTI 130

PREPARAZIONE 131

Pollo Hoisin al miele 132

INGREDIENTI 132

PREPARAZIONE 133

Pollo all'italiana 134

INGREDIENTI 134

PREPARAZIONE 134

Pollo all'italiana nel crockpot 135

INGREDIENTI 135

PREPARAZIONE 136

Pollo all'italiana con spaghetti, pentola a cottura lenta 137

INGREDIENTI 137

PREPARAZIONE 138

Pollo Leggero Alla Stroganoff 139

INGREDIENTI 139

PREPARAZIONE 140

Pollo a cottura lenta Lilly's con salsa al formaggio 141

INGREDIENTI 141

PREPARAZIONE 141

Petti di pollo alla messicana 142

INGREDIENTI 142

Contorni opzionali 142

PREPARAZIONE 143

Pollo Di Paula Con Porri 144

INGREDIENTI 144

PREPARAZIONE 144

Salsa barbecue 145

PREPARAZIONE 145

Pollo e gnocchi di Sherri 147

INGREDIENTI 147

PREPARAZIONE 148

Barbecue di pollo a cottura lenta semplice 149

INGREDIENTI 149

PREPARAZIONE 149

Digione di pollo a cottura lenta 150

INGREDIENTI 150

PREPARAZIONE 150

Pollo al barbecue a cottura lenta 151

INGREDIENTI 151

PREPARAZIONE 151

Cosce di pollo alla brace in pentola a cottura lenta 152

INGREDIENTI 152

PREPARAZIONE 152

Salsa per pasta con pollo e salsiccia a cottura lenta 154

INGREDIENTI 154

PREPARAZIONE 154

Pollo al curry a cottura lenta 156

INGREDIENTI 156

PREPARAZIONE 156

Pollo Al Curry Con Riso A Lenta Cottura 157

INGREDIENTI 157

PREPARAZIONE 157

Enchiladas di pollo a cottura lenta 158

INGREDIENTI 158

PREPARAZIONE 159

Fricassea di pollo a cottura lenta con verdure 160

INGREDIENTI 160

PREPARAZIONE 161

Pollo a cottura lenta in salsa piccante 162

INGREDIENTI 162

PREPARAZIONE 162

Madras di pollo a cottura lenta con polvere di curry 163

INGREDIENTI 163

PREPARAZIONE 163

Pollo a cottura lenta con funghi 164

INGREDIENTI 164

PREPARAZIONE 164

Cordon Bleu . a cottura lenta 166

INGREDIENTI 166

PREPARAZIONE 166

Pollo di Digione a cottura lenta 168

INGREDIENTI 168

PREPARAZIONE 168

Pollo al limone a cottura lenta 170

INGREDIENTI 170

PREPARAZIONE 171

Pollo tirato a cottura lenta 172

INGREDIENTI 172

PREPARAZIONE 173

Salsiccia Affumicata e Cavolo 174

INGREDIENTI 174

PREPARAZIONE 175

Pollo Spagnolo Con Riso 176

INGREDIENTI 176

PREPARAZIONE 176

Cosce di pollo alla brace di Tami 177

INGREDIENTI 177

PREPARAZIONE 177

Mozzarella di pollo Crockpot di Tami 178

INGREDIENTI 178

PREPARAZIONE 178

chili di pollo bianco 179

INGREDIENTI 179

PREPARAZIONE 179

Pollo a cottura lenta e fagioli neri 180

INGREDIENTI 180

PREPARAZIONE 181

Pollo e condimento, pentola a cottura lenta 182

INGREDIENTI 182

PREPARAZIONE 182

Pollo e funghi, pentola a cottura lenta 183

INGREDIENTI 183

PREPARAZIONE 183

Pollo e riso alla parmigiana, pentola a cottura lenta 185

INGREDIENTI 185

PREPARAZIONE 185

Pollo e Gamberetti 186

INGREDIENTI 186

PREPARAZIONE 186

Ricetta Pollo e Ripieno 188

INGREDIENTI 188

PREPARAZIONE 189

Petti di pollo in salsa creola creola 190

INGREDIENTI 190

PREPARAZIONE 191

Chili di pollo con Hominy 192

INGREDIENTI 192

PREPARAZIONE 192

Delizia di pollo 193

INGREDIENTI 193

PREPARAZIONE 194

Enchiladas di pollo per la pentola a cottura lenta 195

INGREDIENTI 195

PREPARAZIONE 195

Pollo Las Vegas 196

INGREDIENTI 196

PREPARAZIONE 196

Pollo alla parigina per la pentola a cottura lenta 197

INGREDIENTI 197

PREPARAZIONE 197

Pollo in casseruola Ruben, pentola a cottura lenta 198

INGREDIENTI 198

PREPARAZIONE 198

Pollo con mirtilli rossi 199

INGREDIENTI 199

PREPARAZIONE 199

Pollo con salsa e salsa, pentola a cottura lenta 200

INGREDIENTI 200

PREPARAZIONE 201

Pollo con maccheroni e formaggio Gouda affumicato 202

INGREDIENTI 202

PREPARAZIONE 203

Pollo Con Cipolline E Funghi, Slow Cooker 204

INGREDIENTI 204

PREPARAZIONE 204

Pollo Con Ananas 205

INGREDIENTI 205

PREPARAZIONE 206

Capitano di campagna Chicken 207

INGREDIENTI 207

PREPARAZIONE 207

Pollo di campagna e funghi 209

INGREDIENTI 209

PREPARAZIONE 209

Pollo ai mirtilli 210

INGREDIENTI 210

PREPARAZIONE 211

Pollo Italiano Cremoso 212

INGREDIENTI 212

PREPARAZIONE 212

Crockpot Turchia e Quesadillas 213

INGREDIENTI 213

PREPARAZIONE 214

Petto di tacchino con marmellata 215

INGREDIENTI 215

PREPARAZIONE 215

Casseruola di tacchino e broccoli a cottura lenta 216

INGREDIENTI 216

PREPARAZIONE 217

Torta di tacchino a cottura lenta 218

INGREDIENTI 218

PREPARAZIONE 219

Tacchino al sugo ....**Errore. Il segnalibro non è definito.**

INGREDIENTI ....**Errore. Il segnalibro non è definito.**

PREPARAZIONE .... **Errore. Il segnalibro non è definito.**

Turchia Madera................................ **Errore. Il segnalibro non è definito.**

INGREDIENTI .... **Errore. Il segnalibro non è definito.**

PREPARAZIONE .... **Errore. Il segnalibro non è definito.**

Cosce di tacchino ranch..................... **Errore. Il segnalibro non è definito.**

INGREDIENTI .... **Errore. Il segnalibro non è definito.**

PREPARAZIONE .... **Errore. Il segnalibro non è definito.**

Crockpot Tacchino e Riso Casseruola.. **Errore. Il segnalibro non è definito.**

INGREDIENTI .... **Errore. Il segnalibro non è definito.**

PREPARAZIONE .... **Errore. Il segnalibro non è definito.**

Spezzatino di Tacchino con Funghi e Panna Acida **Errore. Il segnalibro non è definito.**

INGREDIENTI .... **Errore. Il segnalibro non è definito.**

PREPARAZIONE .... **Errore. Il segnalibro non è definito.**

Easy Crockpot Tacchino Tetrazzini .... **Errore. Il segnalibro non è definito.**

INGREDIENTI .... **Errore. Il segnalibro non è definito.**

PREPARAZIONE .... **Errore. Il segnalibro non è definito.**

Crockpot pollo e salsiccia

INGREDIENTI

- 3 carote, tagliate a fette di 1/2 pollice
- 1/2 tazza di cipolla tritata
- 1/2 tazza d'acqua
- 1 (6 oz.) lattina di concentrato di pomodoro
- 1/2 bicchiere di vino rosso secco
- 1 cucchiaino di aglio in polvere
- 1/2 cucchiaino di timo essiccato, tritato
- 1/8 di cucchiaino di chiodi di garofano macinati
- 1 foglia di alloro
- 2 lattine (15 oz.) di fagioli marinati, scolati
- 4 metà di petto di pollo disossate e senza pelle
- 1/2 libbra di salsiccia polacca completamente cotta o altra salsiccia affumicata, affettata con uno spessore di 1/4 di police

PREPARAZIONE

1. In una piccola casseruola, portare a ebollizione le carote, le cipolle e l'acqua. Cuocere coperto 5 minuti. Trasferire in una pentola di coccio da 3 1/2 a 4 quarti. Mescolare in concentrato di pomodoro, vino e condimenti; aggiungere i fagioli. Metti il pollo sopra il composto di fagioli. Metti la salsiccia sopra il pollo. Copertina. Cuocere a fuoco basso per 6-8 ore o a fuoco alto per 3-4 ore. Prima di servire, togliere le foglie di alloro e sgrassare.
2. Servire come spezzatino o con riso cotto caldo.
3. Da 4 a 6 porzioni.

Barbecue di pollo crockpot

INGREDIENTI

- 1 c. ketchup

- 1/2 c. sciroppo d'acero

- 2 cucchiai. senape gialla preparata

- 2 cucchiai. salsa Worcestershire

- 2 cucchiaini. succo di limone

- 1/2 cucchiaino. peperoncino in polvere

- 1/4 di cucchiaino. polvere d'aglio

- 4 petti di pollo disossati e senza pelle o un misto di petti e cosce di pollo

PREPARAZIONE

1. Metti tutti gli ingredienti nella pentola a cottura lenta e cuoci a fuoco basso per circa 6 ore o fino a quando il pollo è cotto. Togliere la carne, sminuzzare e tornare al sugo. Mettere su panini per panini o servire su riso caldo.
2. Serve da 4 a 6.

Pollo arrosto all'aglio

INGREDIENTI

- 1 pollo arrosto piccolo (da 4 a 5 libbre)
- sale e pepe
- paprica
- 4 spicchi d'aglio, tritati
- 4 once di burro (1 bastoncino)
- 1/2 tazza di brodo di pollo

PREPARAZIONE

1. Cospargere il pollo, dentro e fuori, con sale, pepe e paprika. Distribuire metà dell'aglio nella cavità e distribuire il resto all'esterno dell'uccello.

2. Metti il pollo nella pentola a cottura lenta e metti alcuni fiocchetti di burro sui petti.

3. Aggiungere gli altri ingredienti e cuocere in ALTO per 1 ora.

4. Riduci a BASSO e cuoci per 5-7 ore in più, finché sono teneri e i succhi non diventano limpidi.

5. Servire la salsa di burro all'aglio con il pollo.

Crockpot Chicken Chow Mein

INGREDIENTI

- 1 1/2 libbre di petti di pollo disossati, tagliati a pezzi da 1 pollice
- 1 cucchiaio di olio vegetale
- 1 1/2 tazze di sedano tritato
- 1 1/2 tazza di carote tritate
- 6 cipolle verdi, tritate
- 1 tazza di brodo di pollo
- 1/3 tazza di salsa di soia
- 1/4 di cucchiaino di pepe rosso macinato o a piacere
- 1/2 cucchiaino di zenzero macinato
- 1 spicchio d'aglio, tritato finemente
- 1 lattina (circa 12-15 once) di germogli di soia, scolati
- 1 lattina (8 once) di castagne d'acqua a fette, scolate
- 1/4 tazza di amido di mais
- 1/3 di tazza d'acqua

PREPARAZIONE

1. In una padella capiente, rosolare i pezzi di pollo. Metti il pollo rosolato nella pentola a cottura lenta. Aggiungere gli altri ingredienti tranne l'amido di mais e l'acqua. Agitare. Coprire e cuocere a BASSA per 6-8 ore. Imposta la pentola a cottura lenta su ALTA. Mescolare l'amido di mais e l'acqua in una piccola ciotola, mescolando fino a quando non si scioglie e diventa liscio. Mescolare nei liquidi della pentola a cottura lenta. Tenendo il coperchio leggermente socchiuso per consentire la fuoriuscita del vapore, cuocere fino a quando non si addensa, circa 20-30 minuti.
2. Servire con riso o chow mein noodles. Può essere raddoppiato per 5 qt. pentola a cottura lenta/pentole di coccio.

Cordon Bleu di pollo Crockpot

INGREDIENTI

- 6 metà di petto di pollo
- 6 fette di prosciutto
- 6 fette di formaggio svizzero
- 1/2 sec. Farina
- 1/2 sec. formaggio Parmigiano
- 1/2 cucchiaino. sale
- 1/4 di cucchiaino. Pepe
- 3 cucchiai di olio
- 1 lattina di zuppa di pollo
- 1/2 bicchiere di vino bianco secco

PREPARAZIONE

1. Metti ogni metà del petto di pollo tra i pezzi di pellicola trasparente e picchia delicatamente per appiattire fino a ottenere uno spessore uniforme. Mettere una fetta di prosciutto e una fetta di formaggio svizzero su ogni petto di pollo; arrotolare e fissare con stuzzicadenti o spago da cucina. Unire in una ciotola la farina, il parmigiano, il sale e il pepe. Arrotolare il pollo nel composto di parmigiano e farina; raffreddare 1 ora. Dopo aver fatto raffreddare il pollo, scaldare una padella con 3 cucchiai di olio; pollo rosolare su tutti i lati.

2. In crockpot unire il brodo di pollo e il vino. Aggiungere il pollo rosolato e cuocere a BASSO per 4 1/2-5 ore o ALTO per circa 2 1/2 ore. Addensare la salsa con una miscela di farina e acqua fredda (circa 2 cucchiai di farina sbattuta con 2 cucchiai di acqua fredda). Cuocere per circa 20 minuti in più, fino a quando non si addensa.
3. Serve 6.

Cordon Bleu di pollo Crockpot

INGREDIENTI

- 4-6 petti di pollo (battuti sottili)
- 4-6 pezzi di prosciutto
- 4-6 fette di formaggio svizzero o mozzarella
- 1 lattina di zuppa di funghi (può usare qualsiasi zuppa di crema)
-

1/4 tazza di latte

PREPARAZIONE

1. Metti prosciutto e formaggio sul pollo. Arrotolare e fissare con uno stuzzicadenti. Metti il pollo nella pentola a cottura lenta/Crock Pot in modo che assomigli a un triangolo /_\ Sovrapponi il resto. Mescolare la zuppa con il latte; versare sopra il pollo. Coprire e cuocere a fuoco basso per 4 ore o fino a quando il pollo non è più rosa. Servire sopra le tagliatelle con la salsa che fa.
2. Nota di Teresa: è la migliore ricetta che ho provato finora, molto saporita.

Cena di pollo crockpot con paprika affumicata e verdure

INGREDIENTI

- 4 metà di petto di pollo disossate
- 2 libbre di patate bianche piccole, sbucciate e tagliate a cubetti da 1 pollice
- 2 carote medie, tagliate a pezzi
- 1 cipolla media, tagliata a spicchi sottili
- 1 cucchiaino di fiocchi di prezzemolo essiccato o 1 cucchiaio di prezzemolo fresco tritato
- 1 cucchiaino di sale
- 1/4 di cucchiaino di pepe
- 4 cucchiai di burro fuso, diviso
- 2 cucchiai di paprika affumicata spagnola
- 1 cucchiaio di succo di limone
- 1 cucchiaino di salsa Worcestershire
- 1 cucchiaio di miele
- Un pizzico di sale
- cumino

PREPARAZIONE

1. Lavare il pollo e asciugarlo. Unire patate, carote e spicchi di cipolla in una pentola a cottura lenta da 4 a 6 quarti con prezzemolo, 1 cucchiaino di sale, 1/4 di cucchiaino di pepe e 2 cucchiai di burro fuso; lanciare.
2. Unire i restanti 2 cucchiai di burro con la paprika affumicata, il succo di limone, la salsa Worcestershire, il miele, un pizzico di sale e un pizzico di cumino. Strofinare i petti di pollo con la miscela di paprika; disporre sulle verdure.
3. Coprire e cuocere su ALTO per 3 1/2-4 ore e 1/2, o su BASSO per 7-9 ore, finché il pollo è cotto e le verdure sono tenere.
4. Serve 4.

Enchiladas di pollo crockpot

INGREDIENTI

- 1 lattina grande (19 once) di salsa enchilada
- 6 metà di petto di pollo disossato
- 2 lattine di zuppa di pollo
- 1 lattina piccola di olive nere affettate
- 1/2 tazza di cipolla tritata
- 1 lattina (4 once) di peperoncino dolce tritato
- 16-20 tortillas di mais
- 16 once di formaggio Cheddar affilato sminuzzato

PREPARAZIONE

1. Cuocere il pollo e sminuzzarlo. Mescolare la zuppa, le olive, i peperoncini e le cipolle. Tagliare le tortillas a spicchi. Strato Crock Pot con salsa, tortillas, zuppa di mix, pollo e formaggio fino in cima, finendo con il formaggio sopra. Coprire e cuocere a BASSA per 5-7 ore.
2. Serve da 8 a 10

Ricetta Crockpot pollo fricassea

INGREDIENTI

- 1 lattina di crema condensata di zuppa di pollo, a ridotto contenuto di grassi o Healthy Request
- 1/4 di tazza d'acqua
- 1/2 tazza di cipolle tritate
- 1 cucchiaino di paprika macinata
- 1 cucchiaino di succo di limone
- 1 cucchiaino di rosmarino essiccato, tritato
- 1 cucchiaino di timo
- 1 cucchiaino di fiocchi di prezzemolo
- 1 cucchiaino di sale
- 1/4 di cucchiaino di pepe
- 4 metà di petto di pollo disossate, senza pelle
- spray da cucina antiaderente
- .
- Ravioli all'erba cipollina
- 3 cucchiai di accorciamento
- 1 1/2 tazze di farina
- 2 cucchiaini. lievito in polvere
- 3/4 cucchiaini. sale
- 3 cucchiai di erba cipollina o prezzemolo tritata fresca

- 3/4 di tazza di latte scremato

PREPARAZIONE

1. Spruzzare la pentola a cottura lenta con uno spray da cucina antiaderente. Metti il pollo in una pentola a cottura lenta.
2. Unire zuppa, acqua, cipolle, paprika, succo di limone, rosmarino, timo, prezzemolo, 1 cucchiaino di sale e pepe; versare sul pollo. Coprire e cuocere a BASSA per 6-7 ore. Un'ora prima del momento di servire, preparate gli gnocchi, di seguito.
3. Ravioli:
4. Con il frullatore o le forchette, lavorare gli ingredienti secchi e ridurre insieme fino a quando il composto non assomiglia a una farina grossolana.
5. Aggiungere l'erba cipollina o il prezzemolo e il latte; mescolare solo fino a quando non è ben combinato. Con un cucchiaino, versare sul pollo caldo e sugo. Coprire e continuare la cottura su ALTA per circa 25 minuti in più, fino a quando gli gnocchi non saranno cotti. Servire con purè di patate o noodles, insieme a verdure o insalata.

Lasagne Di Pollo Crockpot

INGREDIENTI

- 2 grandi metà di petto di pollo, disossate
- 2 coste di sedano tritate
- 1 cipolla piccola, tritata, o 1 o 2 cucchiai di cipolla tritata essiccata
- 1/2 cucchiaino di timo
- Sale e pepe a piacere
- da 6 a 9 lasagne
- 1 confezione di spinaci surgelati, scongelati e strizzati
- 6 once di funghi freschi, a fette spesse, o 1 lattina da 4 a 8 once
- 1 tazza e 1/2 di Cheddar grattugiato e miscela di formaggio americano
- 1 lattina di crema "leggera" di zuppa di funghi
- 1 lattina di pomodori con peperoncini verdi
- 1 pacchetto (1 oncia) di salsa di pollo secca mix
-

3/4 di tazza di brodo riservato

PREPARAZIONE

1. In una casseruola da 2 quarti, cuocere a fuoco lento i petti di pollo con sedano, cipolla, timo, sale e pepe finché sono teneri, circa 25 minuti. Togliere il pollo e lasciar raffreddare; tagliare a pezzetti o sminuzzare. Riserva 3/4 tazza di brodo. Eliminare il brodo rimanente o congelare per utilizzarlo in un'altra ricetta. Tagliare a metà le lasagne; far bollire per circa 5-8 minuti, fino a quando non diventa un po' flessibile.

Scolare e sciacquare con acqua fredda per una più facile manipolazione.
2. In una ciotola media, unire la zuppa, i pomodori, il sugo e il brodo tenuto da parte. In una pentola a cottura lenta/pentola di coccio da 3 1/2 a 4 quarti, versare 3/4 di tazza della miscela di zuppa. Mettere da 4 a 6 metà di lasagne sopra la miscela di zuppa. Aggiungere 1/3 degli spinaci, 1/3 del pollo, 1/3 dei funghi e 1/2 tazza di formaggio grattugiato. Versare un'altra miscela di zuppa da 3/4 di tazza su tutto. Ripeti gli strati altre 2 volte, terminando con la miscela di zuppa rimanente. Coprire e cuocere a fuoco basso per 4 o 5 ore. Se cotti troppo a lungo, i noodles potrebbero diventare molli, quindi controlla dopo circa 4 ore e mezza.
3. Serve 4.

Crockpot Chicken Ruben Casseruola

INGREDIENTI

- 2 sacchetti (16 once ciascuno) di crauti, sciacquati e scolati
- 1 tazza di condimento per insalata russa leggera o ipocalorica, divisa
- 6 metà di petto di pollo disossate, senza pelle
- 1 cucchiaio di senape preparata
- Da 4 a 6 fette di formaggio svizzero
- prezzemolo fresco, per guarnire, facoltativo

PREPARAZIONE

1. Metti metà dei crauti in una pentola a cottura lenta elettrica da 3 1/2 quarti. Cospargere con circa 1/3 di tazza del condimento. Coprire con 3 metà di petto di pollo e spalmare la senape sul pollo. Guarnire con i restanti crauti e petti di pollo. Versare un'altra tazza di condimento sulla casseruola. Refrigerare il condimento rimanente fino al momento di servirli. Coprire e cuocere a fuoco basso per circa 3 1/2-4 ore, o fino a quando il pollo è completamente bianco e tenero.
2. Per servire, versare la casseruola su 6 piatti. Guarnire con una fetta di formaggio e condire con qualche cucchiaino di salsa russa. Servire immediatamente, guarnendo con prezzemolo fresco, se lo si desidera.
3. Serve 6.

Pollo Crockpot Robusto

INGREDIENTI

- Da 4 a 8 petti di pollo disossati e senza pelle
- 1 bottiglia (8 once) Wishbone Robusto Italian Dressing
- Tagliatelle all'uovo da 1 libbra in busta
- 4 once. panna acida
- 1/2 tazza di parmigiano più altro per servire

PREPARAZIONE

1. Metti i petti di pollo nella pentola di coccio. Versare sopra il condimento italiano. Coprire e cuocere a bassa 7 ore o alta 3 1/2 ore. Rimuovere il pollo dal crockpot; lasciare il calore acceso. Aggiungere metà della panna acida ai succhi e mescolare fino a quando non si sarà sciolta. Riscaldare.
2. Cuocere le tagliatelle e scolarle bene. Aggiungere la panna acida rimanente e il parmigiano ai noodles e mescolare fino a quando non si saranno sciolti. Servire il pollo sui noodles e versare la salsa sul pollo.
3. Cospargere con parmigiano a piacere.

Pollo Crockpot Con Carciofi

INGREDIENTI

- Metà del petto di pollo disossate da 1 1/2 a 2 libbre, senza pelle
- 8 once di funghi freschi affettati
- 1 lattina (14,5 once) di pomodori a cubetti
- 1 confezione di carciofi surgelati, da 8 a 12 once
- 1 tazza di brodo di pollo
- 1/2 tazza di cipolla tritata
- 1 lattina (3-4 once) di olive mature affettate ripe
- 1/4 di tazza di vino bianco secco o brodo di pollo
- 3 cucchiai di tapioca a cottura rapida
- 2 cucchiaini di curry in polvere, o a piacere
- 3/4 di cucchiaino di timo essiccato, tritato
- 1/4 di cucchiaino di sale
- 1/4 di cucchiaino di pepe
- 4 tazze di riso cotto caldo

PREPARAZIONE

1. Risciacquare il pollo; asciugare e mettere da parte. In una pentola a cottura lenta da 3 1/2 a 5 quarti unire i funghi, i pomodori, i cuori di carciofo, il brodo di pollo, la cipolla tritata, le olive affettate e il vino. Mescolare la tapioca, il curry in polvere, il timo, il sale e il pepe. Aggiungi il pollo al crockpot; versare un po' del composto di pomodoro sul pollo.
2. Coprire e cuocere su BASSO per 7-8 ore o su ALTO per 3 1/2-4 ore. Servire con riso cotto caldo.
3. Per 6-8 porzioni.

Pollo Crockpot con senape di Digione

INGREDIENTI

- 4 o 6 metà di petto di pollo disossato

- 2 cucchiai di senape di Digione

- 1 lattina di zuppa di funghi senza grassi al 98%

- 2 cucchiaini di amido di mais

- un pizzico di pepe nero

PREPARAZIONE

1. Metti le metà del petto di pollo nell'inserto della pentola a cottura lenta.
2. Unire gli ingredienti rimanenti e versare sopra il pollo.
3. Coprire e cuocere a bassa 6-8 ore.
4. Serve 4.

Pollo Crockpot con Pasta

INGREDIENTI

- Da 1 a 1 1/2 libbre di pollo congelato, scongelato
- 1 confezione di salsa di erbe aromatiche al limone
- 2 piccole zucche estive o zucchine, dimezzate e affettate spesse 1/4 di pollice
- 1 mazzetto di cipolle verdi, affettate spesse 1/2 pollice
- 1/4 di tazza d'acqua
- Sale e pepe a piacere
- 1 tazza di piselli surgelati, scongelati sotto l'acqua calda
- 3-4 tazze di pasta cotta calda (raddiatore, spirali, ecc.), circa 8 once
- 1/2 tazza di panna da montare

PREPARAZIONE

1. Lavare i pezzi di pollo; unire con zucca, cipolle verdi, salsa e acqua in Crock Pot; Sale e pepe a piacere. Coprire e cuocere a fuoco basso da 5 a 7 ore; aggiungere i piselli negli ultimi 15 minuti. Aggiungere la pasta calda e la panna ultimi 5 minuti.
2. Serve da 4 a 6.

Pollo Crockpot Con Riso

INGREDIENTI

- Da 4 a 6 petti di pollo disossati, senza pelle
- 1 lattina (10 3/4 once) di crema condensata di zuppa di funghi o crema di pollo
- 1/2 tazza d'acqua
- 3/4 tazza di riso convertito, crudo un
- 1 1/2 tazze di brodo di pollo
- 1 o 2 tazze di fagiolini surgelati, scongelati

PREPARAZIONE

1. Metti i petti di pollo nella pentola di coccio. Aggiungere la crema di zuppa di funghi e 1/2 tazza d'acqua.
2. Aggiungere 3/4 tazza di riso e il brodo di pollo.
3. Aggiungi i fagiolini.
4. Coprire e cuocere a BASSA per 6 ore, o fino a quando il pollo è cotto e il riso è tenero.
5. Serve da 4 a 6.

Pollo Crockpot Con Pomodori

INGREDIENTI

- 4 o 6 metà di petto di pollo

- 2 peperoni verdi, affettati

- 1 lattina di pomodori stufati a pezzi

- 1/2 bottiglia di condimento italiano (a basso contenuto di grassi se lo si desidera)

PREPARAZIONE

1. Metti i petti di pollo, i peperoni verdi, i pomodori stufati e il condimento italiano nella pentola a cottura lenta o nella pentola e cuoci tutto il giorno (6-8 ore) a fuoco basso.

Ricetta Crockpot Cola polloCola

INGREDIENTI

- Da 4 a 6 petti di pollo

- 1/4 tazza di ketchup

- 1/4 tazza di cola, normale o dietetica, o Dr. Pepper

- 1/4 tazza di cipolla tritata finemente

- 1/4 tazza di peperone verde tritato finemente o una combinazione di rosso e verde

-

un pizzico di aglio in polvere

PREPARAZIONE

1. Spruzza il crockpot con uno spray da cucina. Disporre le metà del petto di pollo nella pentola. Unire ketchup, cola, cipolla, peperone verde e aglio in polvere; versare sul pollo. Coprire e cuocere a BASSA per 5-6 ore. Servire il pollo con la salsa.
2. Serve da 4 a 6.

Crockpot pollo aglio e timo

INGREDIENTI

- 5 spicchi d'aglio, tritati
- 1 cucchiaino colmo di timo in foglie essiccato, sbriciolato
- 6 metà di petto di pollo, con osso, senza pelle
- 1/4 tazza di succo d'arancia
- 1 cucchiaio di aceto balsamico

PREPARAZIONE

1. Lavare le metà del petto di pollo; asciugare. Metti il pollo in una pentola a cottura lenta; cospargere con aglio e timo quindi versare il succo d'arancia e l'aceto sul pollo. Coprire e cuocere a BASSA per 6 ore.
2. Togliere il pollo e tenerlo in caldo. Eliminare il grasso dai succhi, quindi filtrare i succhi in una casseruola. Portare a ebollizione i succhi e continuare a bollire finché non si riduce a circa 1 tazza, o circa 10 minuti. Servire il pollo con i succhi.
3. Serve da 4 a 6.

Crockpot pollo alle erbe con ripieno

INGREDIENTI

- 1 lattina (10 1/2 once) crema di pollo con zuppa di erbe herbs
- 1 lattina (10 1/2 once) crema di sedano o crema di zuppa di pollo
- 1/2 bicchiere di vino bianco secco o brodo di pollo
- 1 cucchiaino di fiocchi di prezzemolo essiccato
- 1 cucchiaino di timo in foglie essiccato, sbriciolato
- 1/2 cucchiaino di sale
- Un pizzico di pepe nero
- 2 o 2 1/2 tazze di briciole di ripieno condite, circa 6 once, divise
- 4 cucchiai di burro, divisi
- Da 6 a 8 petti di pollo disossati, senza pelle

PREPARAZIONE

1. Unire le zuppe, il vino o il brodo, il prezzemolo, il timo, il sale e il pepe.
2. Lavare il pollo e asciugarlo.
3. Ungere leggermente un inserto per pentola a cottura lenta da 5 a 7 quarti.
4. Cospargere circa 1/2 tazza di briciole di ripieno sul fondo della pentola e condire con circa 1 cucchiaio di burro.
5. Coprire con metà del pollo, quindi metà delle briciole di ripieno rimanenti. Condisci con metà del burro rimasto e versaci sopra metà della miscela di zuppa.
6. Ripeti con il pollo rimanente, le briciole di ripieno, il burro e la miscela per la zuppa.
7. Coprire e cuocere a BASSA per 5-7 ore, o fino a quando il pollo è cotto.
8.
   Serve da 6 a 8.

Pollo ripieno di crockpot

INGREDIENTI

- 6 metà di petto di pollo senza pelle disossate skin

- 6 fette sottili di prosciutto cotto intero

- 6 fette di formaggio svizzero

- 1/4 tazza di farina per tutti gli usi

- 1/4 tazza di parmigiano grattugiato

- 1/2 cucchiaino di timo in foglie essiccate

- 1/4 cucchiaino di paprica

- 1/4 cucchiaino di pepe

- 3 cucchiai di olio vegetale

- 1 lattina di zuppa di pollo condensata, non diluita, o crema di pollo alle erbe

- 1/2 tazza di brodo di pollo

- Prezzemolo fresco tritato o erba cipollina, facoltativo

PREPARAZIONE

1. Metti ogni petto di pollo tra pezzi di pellicola trasparente. Battere delicatamente e appiattire il pollo in modo uniforme a circa 1/8 di pollice di spessore. Mettere 1 fetta di prosciutto e formaggio su ogni petto. Arrotolare il pollo; infilare le estremità e fissarle con uno stuzzicadenti. Unire la farina, il parmigiano, il timo, la paprika e il pepe; ricoprire il pollo da tutti i lati. Coprire e conservare in frigorifero per 1 ora. In una padella capiente, rosolare velocemente il pollo da tutti i lati in olio caldo a fuoco medio basso.
2. Trasferire in una pentola a cottura lenta da 5 a 6 quarti. Unire la zuppa e il brodo di pollo; versare sopra il pollo. Coprire e cuocere a BASSA per circa 6 ore, fino a cottura completa. Togliere gli stuzzicadenti e guarnire con prezzemolo o erba cipollina se lo si desidera.
3. Serve 6.

Ricetta Crockpot di pollo in agrodolce

INGREDIENTI

- 4 cucchiai di burro, fuso
- 3/4 sec. ketchup
- 1/2 sec. aceto bianco
- 3/4 sec. zucchero di canna
- 3 cucchiai di salsa Worcestershire
- 2 spicchi d'aglio, tritati
- Sale e pepe a piacere
- peperoncino in scaglie o peperoncino di Cayenna macinato
- 1 1/2 sec. Brodo di pollo
- 6 metà di petto di pollo disossate, senza pelle skin
- 1 lattina (8 o 9 once) pezzi di ananas, scolati
- strisce di peperone, facoltative

PREPARAZIONE

1. Metti il pollo in una pentola a cottura lenta.
2. Unire burro fuso, ketchup, aceto, zucchero di canna, salsa Worcestershire, aglio tritato, sale e pepe, peperoncino piccante, brodo di pollo; versare sul pollo.
3. Coprire e cuocere a BASSA per 5-7 ore, fino a quando il pollo è tenero ma ancora umido.
4. Aggiungere l'ananas e il peperone, se utilizzati, quindi cuocere per 20 minuti in più.
5. Serve

Pollo al limone di Dawn

INGREDIENTI

- 4 metà di petto di pollo disossate, private della pelle
- 2 limoni
- 1 cucchiaino di pepe al limone
- 1 cucchiaino di paprika macinata

PREPARAZIONE

1. Metti i petti di pollo in una pentola a cottura lenta. Spremere il succo di mezzo limone sul pollo. Cospargere di pepe al limone e paprika sopra. Tagliare il restante mezzo limone a fettine sottili. Disporre le fette intorno al pollo. Coprire e cuocere in ALTO per 3 o 4 ore.

Crockpot di pollo e ripieno di Debbie

INGREDIENTI

- 1 confezione di miscela per ripieno condita con erbe, preparata
- Da 4 a 6 petti di pollo disossati o cosce disossate, senza pelle
- 1 lattina (10 3/4 once) di crema condensata di zuppa di pollo, non diluita
- 1 lattina (da 3 a 4 once o più) di funghi affettati, scolati

PREPARAZIONE

1. Imburrare il fondo e i lati dell'inserto per stoviglie della pentola a cottura lenta.
2. Preparare il ripieno confezionato (o fatto in casa) con burro e liquido come indicato sulla confezione.
3. Disporre il ripieno preparato sul fondo della pentola a cottura lenta unta.
4. Metti i pezzi di pollo sopra la miscela di ripieno. Il pollo può sovrapporsi, ma cerca di sistemare il meno possibile. Se c'è spazio, potresti usare più pollo.
5. Versare la crema condensata di zuppa di pollo sul pollo. Puoi anche usare crema di funghi o crema di sedano, come preferisci. Completare con i funghi. Assicurati di mescolare un po 'i funghi in modo che siano ricoperti dalla zuppa.
6. Coprire e cuocere a fuoco basso per 5-7 ore.

•I petti di pollo tendono a seccarsi per un lungo periodo di cottura, quindi controllali prima. Le cosce sono più grasse dei petti di pollo, quindi possono essere cotte più a lungo.

Il pollo di Diana alla King

INGREDIENTI

- Da 1 1/2 a 2 libbre di pollo disossato

- Da 1 a 1 1/2 tazza di carote tagliate a fiammifero

- 1 mazzetto di cipolle verdi (cipolline) affettate in pezzi da 1/2 pollice

- 1 vasetto Kraft pimiento o crema di formaggio spalmabile al pimento e olive (5 once)

- 1 lattina di zuppa di pollo senza grassi al 98%

- 2 cucchiai di sherry secco (opzionale)

- Sale e pepe a piacere

PREPARAZIONE

1. Metti tutti gli ingredienti nella pentola a cottura lenta/pentola di coccio (3 1/2-quart o più grande) nell'ordine indicato; mescolare per unire. Coprire e cuocere a fuoco basso per 7-9 ore. Servire su riso, pane tostato o biscotti.
2. Serve da 6 a 8.

Pollo Aneto e Verdure

INGREDIENTI

- Bocconcini di pollo da 1 a 1 1/2 libbre, tagliati in pezzi da 1 pollice
- 1 cucchiaio di cipolla tritata essiccata (o cipolla piccola, tritata)
- 1 lattina di zuppa di funghi normale o ridotta al 98% di grassi
- 1 confezione (1oz) di sugo di funghi (si può sostituire il pollo o il sugo di campagna)
- 1 tazza di carotine
- Da 1/2 a 1 cucchiaino di aneto
- sale aromatizzato e pepe a piacere
-

1 tazza di piselli surgelati

PREPARAZIONE

1. Unire i primi 7 ingredienti nella pentola a cottura lenta/Crock Pot; coprire e cuocere a fuoco basso per 6-8 ore. Aggiungere i piselli surgelati negli ultimi 30-45 minuti. Servire con riso o purè di patate.
2. Serve 4.

Ricetta di pollo in agrodolce di Don

INGREDIENTI

- Da 2 a 4 petti di pollo senza pelle

- 1 cipolla grande tritata grossolanamente

- 2 peperoni tagliati grossolanamente (uno verde, uno rosso)

- 1 tazza di cimette di broccoli

- 1/2 tazza di pezzi di carota

- 1 lattina grande di ananas a pezzi (scolare e CONSERVARE il succo)

- 1/4-1/2 tazza di zucchero di canna (può usare lo zucchero normale)

- Acqua/vino/succo d'uva bianca/succo d'arancia ecc. secondo necessità per il liquido extra

- 1 cucchiaio di amido di mais per ogni tazza di liquido che ottieni

- salsa piccante a piacere, facoltativa

- sale e pepe a piacere, facoltativo

- cannella, opzionale

- pimento, facoltativo

- chiodi di garofano, opzionale

- curry in polvere, facoltativo

PREPARAZIONE

1. Metti i petti di pollo in una pentola a cottura lenta o in una pentola. Aggiungere la cipolla, i peperoni, i broccoli e le carote Sbattere insieme finché non si saranno ben amalgamati, senza grumi di zucchero, liquidi, spezie, amido di mais e zucchero. Versare sul pollo. Se non c'è abbastanza succo, aggiungi il liquido che preferisci per portare al livello desiderato. (RICORDA TUTTAVIA: per ogni tazza di liquido in più, aggiungi un altro cucchiaio di amido di mais prima di versarlo nella pentola a cottura lenta).
2. Coprire e cuocere da 6 a 8 ore su BASSA. A volte modifico la ricetta, usando cocktail di frutta e un po' meno zucchero, conserve di ananas o albicocche o anche marmellata di arance. (non è necessario l'amido di mais quando hai usato le conserve, né lo zucchero ovviamente. Usa la tua immaginazione. Ricorda che l'agrodolce è fondamentalmente un succo di frutta e aceto.

Pollo facile al formaggio a cottura lenta

INGREDIENTI

- 6 metà di petto di pollo disossate, senza pelle
- Sale e pepe a piacere
- aglio in polvere, a piacere
- 2 lattine di crema condensata di zuppa di pollo
- 1 lattina di zuppa di formaggio cheddar condensato

PREPARAZIONE

1. Sciacquare il pollo e cospargere con sale, pepe e aglio in polvere. Mescolare la zuppa non diluita e versare sul pollo in una pentola di coccio.
2. Coprire e cuocere a bassa 6-8 ore.
3. Servire su riso o noodles.
4. Serve 6.

Pollo Facile Con Mandorle

INGREDIENTI

- Da 4 a 6 petti di pollo, lavati, senza pelle
- 1 lattina (10 3/4 oz) crema di zuppa di pollo
- 1 cucchiaio di succo di limone
- 1/3 tazza di maionese
- 1/2 tazza di sedano affettato sottilmente
- 1/4 tazza di cipolle tritate finemente
- 1/4 tazza di peperoncino tritato sgocciolato
- 1/2 tazza di mandorle a lamelle o a fette
- prezzemolo fresco tritato, facoltativo

PREPARAZIONE

1. Disporre i petti di pollo sul fondo della pentola a cottura lenta. In una ciotola unire la zuppa, il succo di limone, la maionese, il sedano, le cipolle e il peperoncino; versare sui petti di pollo. Coprire e cuocere a fuoco basso da 5 a 7 ore, finché il pollo non è tenero (le metà del petto di pollo disossate impiegheranno meno tempo dell'osso). Trasferire i petti di pollo su un piatto da portata e versarvi sopra il succo. Completare con una spolverata di mandorle e prezzemolo, se lo si desidera.
2. Servire con riso cotto caldo e broccoli al vapore.
3. Serve da 4 a 6.

Pollo Facile Con Patate

INGREDIENTI

- 4 metà di petto di pollo disossate e senza pelle

- 1/2 tazza di condimento per insalata italiano

- 1 cucchiaino di condimento italiano (o mescolare basilico, origano, peperoncino tritato e aglio in polvere per ottenere lo stesso)

- 1/2 tazza di parmigiano grattugiato o formaggio romano

- Da 4 a 6 patate medie, sbucciate e tagliate a spicchi o fette spesse

PREPARAZIONE

1. Metti il pollo sul fondo del Crock Pot. Cospargere con metà del condimento italiano, le spezie e il formaggio grattugiato. Metti le patate sopra o intorno al pollo. Cospargere con il resto del condimento, le spezie e il formaggio.
2. Cuocere a fuoco basso per circa 6-8 ore, o fino a quando il pollo è cotto e le patate sono tenere.

Crockpot di pollo e verdure facile

INGREDIENTI

- 6 metà di petto di pollo disossate, senza pelle skin

- sale kosher e pepe nero macinato fresco, a piacere

- 1 cucchiaino di aglio in polvere

- 1 cucchiaino di granuli di brodo di pollo o base di pollo

- 2 lattine (circa 15 once ciascuna) patate intere, scolate

- 1 confezione (da 10 a 12 once) di fagiolini tagliati surgelati

- 1 lattina (8 once) di castagne d'acqua a fette

- 1 tazza di condimento per insalata italiano, a basso contenuto di grassi o senza grassi

-

3 cucchiaini di amido di mais

PREPARAZIONE

1. Cospargere i pezzi di pollo con sale kosher, pepe nero macinato fresco e aglio in polvere. Cospargere con granuli di brodo di pollo o la base di pollo.
2. Guarnire il pollo con le patate, poi i fagiolini e le castagne d'acqua. Cospargere leggermente con sale e pepe e versare sopra il condimento per l'insalata.
3. Coprire e cuocere a BASSA per 4-6 ore.
4. Con una schiumarola, rimuovere il pollo e le verdure in un piatto da portata e coprire con un foglio di alluminio per tenerli al caldo.
5. Per addensare i liquidi, scolateli in una casseruola. Portare a ebollizione a fuoco alto.
6. Mescolare i 3 cucchiaini di amido di mais con circa 2 cucchiai di acqua fredda fino a quando l'amido di mais si è sciolto. Aggiungere ai liquidi bollenti e cuocere, mescolando, fino a quando non si addensa. Servire con il pollo e le verdure.

Easy Crockpot Chicken Santa Fe di Cindy

INGREDIENTI

- 1 lattina (15 oz) di fagioli neri, sciacquati e scolati
- 2 lattine (15 oz) di mais intero, sgocciolato
- 1 tazza di salsa densa e grossa in bottiglia, la tua preferita
- 5 o 6 metà di petto di pollo senza pelle e disossate (circa 2 libbre)
- 1 tazza di formaggio Cheddar grattugiato

PREPARAZIONE

1. In una pentola a cottura lenta da 3 1/2 a 5 quarti, mescola insieme i fagioli neri, il mais e 1/2 tazza di salsa.
2. Coprire con i petti di pollo, quindi versare la restante 1/2 tazza di salsa sul pollo. Coprire e cuocere in ALTO per 2 1/2-3 ore, o fino a quando il pollo è tenero e completamente bianco. Non cuocere troppo o il pollo sarà asciutto.
3. Cospargere il formaggio sopra; coprire e cuocere finché il formaggio non si scioglie, circa 5-15 minuti.
4. Serve 6.

Pollo Crockpot Facile Con Noodles

INGREDIENTI

- Pollo da 1 a 1 1/2 libbre, petto o cosce disossati
- 1/4 di bicchiere di vino bianco
- 1 lattina (10 3/4 once) di crema condensata di zuppa di funghi (o crema di pollo)
- 1 tazza di panna acida
- 1/4 tazza di farina
- Sale e pepe a piacere
-

tagliatelle cotte

PREPARAZIONE

1. Metti il pollo nella pentola di coccio. Mescolare il vino e la zuppa in una ciotola; versare sul pollo.
2. Coprire e cuocere su BASSO per 6-7 ore o ALTO per 3-4 ore, o fino a quando il pollo è cotto.
3. Prima di servire, mescolare la panna acida con la farina fino a che liscio; mescolare la miscela nel pollo e nei succhi.
4. Assaggiate e aggiungete sale e pepe, a piacere.
5. Riscaldare per 30 minuti in più su BASSA.
6. Servire il pollo e il sugo con i noodles cotti caldi.

Easy Crockpot Pepper Jack Chicken

INGREDIENTI

• Da 4 a 6 petti di pollo, disossati, senza pelle

• strisce di peperone (potrebbe essere una combinazione di peperoni congelati)

• 1 lattina di zuppa di formaggio Pepper Jack

• 3 cucchiai di salsa grossa

PREPARAZIONE

1. Unire tutti gli ingredienti. Coprire e cuocere a BASSA per 5-6 ore, finché il pollo non sarà tenero.
2. Serve da 4 a 6.

Pollo Condito All'italiana Facile

INGREDIENTI

-
- 4 o 6 metà di petto di pollo

-
- 1/4 di bicchiere di vino bianco secco

- 1 busta di condimento per insalata italiana Good Seasons

PREPARAZIONE

1. In una padella capiente, rosolare i petti di pollo in poco olio. Metti il pollo in una pentola. Cospargere la miscela di condimento sul pollo; aggiungere il vino. Coprire e cuocere alla massima potenza per circa 3 o 4 ore, o fino a quando il pollo è tenero e i succhi sono limpidi.

Easy Pepper Jack Chicken Pepper

INGREDIENTI

- Da 4 a 6 petti di pollo, disossati, senza pelle

- strisce di peperoni (usare una combinazione di strisce di peperoni saltati in padella con peperoni freschi o congelati)

- 1 lattina di zuppa di formaggio Pepper Jack

- 3 cucchiai di salsa grossa

PREPARAZIONE

1. Unire tutti gli ingredienti. Coprire e cuocere a BASSA per 5-6 ore, finché il pollo non sarà tenero. Serve da 4 a 6.
2. Servire con riso alla messicana, maccheroni e formaggio o riso cotto caldo.

Involtini di pollo ripieni facili

INGREDIENTI

- 6 metà di petto di pollo disossate
- 6 fette sottili di prosciutto
- 6 fette sottili di formaggio svizzero o altro
- 1/4 a 1/2 tazza di farina
- 8 once di funghi affettati
- 3/4 di tazza di brodo di pollo
- 1/4 di bicchiere di vino bianco secco
- 1/4 di cucchiaino di rosmarino essiccato, tritato
- 1/4 tazza di parmigiano grattugiato
- 2 cucchiaini di amido di mais
- 1 cucchiaio d'acqua
- 1 cucchiaino di Gravy Magic o altra salsa per rosolare
- Sale e pepe a piacere

PREPARAZIONE

1. Metti i petti di pollo tra fogli di carta oleata o pellicola trasparente; libbra per appiattire. Su ogni petto di pollo mettete una fetta di prosciutto e una di formaggio; arrotolare e fissare con degli stuzzicadenti. Passate gli involtini di pollo nella farina. Metti i funghi in una pentola a cottura lenta, quindi aggiungi gli involtini di pollo. Unire brodo di pollo, vino e rosmarino; versare sul pollo. Cospargere con il parmigiano. Coprire e cuocere a BASSA per 6 ore.
2. Rimuovere il pollo per scaldare il piatto. Unire amido di mais, acqua e salsa per rosolare il sugo; mescolare nei succhi di cottura del pollo e mescolare fino a quando non si addensa. Aggiungere sale e pepe a piacere; versare la salsa sugli involtini di pollo.
3. Serve 6.

Ricetta Chili Di Pollo Bianco Preferita

INGREDIENTI

• 1 kg di pollo, tagliato a pezzetti (mi piace usare il petto disossato per la sua "facilità" e il minor contenuto di grassi)

• 1 tazza di cipolla tritata

• 1 lattina (o l'equivalente) brodo di pollo

• 2 spicchi d'aglio, tritati finemente

• 2 cucchiaini di semi di cumino (anche il terreno non resiste a lunghe cotture)

• 1/2 cucchiaino di foglie di origano essiccato

• Fagioli bianchi (grandi nordici o cannellini) lattine da 3-15oz, scolati e sciacquati

• 1 o 2 peperoni rossi, verdi o gialli tritati o una combinazione

• peperoncini jalapeno, freschi, in barattolo o in scatola, facoltativi o 'a piacere' (a seconda di quanto ti piace!)

PREPARAZIONE

1. In una pentola a cottura lenta da 4 o 6 litri unire il pollo, le cipolle, il brodo di pollo, l'aglio, il cumino e l'origano.
2. Lasciar cuocere un po' a fuoco lento (circa 3-5 ore, a seconda del vostro programma)
3. Aggiungere i fagioli scolati.
4. Ora ecco la parte importante se non vuoi il peperoncino molliccio. Aggiungi i peperoni e i peperoncini jalapeno (se li usi) non prima dell'ultima ora o un'ora e mezza prima di servire.
5. Completare ogni porzione con formaggio Monterey jack grattugiato e/o tortilla chips rotte, se lo si desidera.

Pollo all'aglio Alfredo

INGREDIENTI

- 1 vasetto (16 once) Salsa Alfredo cremosa all'aglio o Salsa Alfredo
- Da 4 a 6 petti di pollo disossati
- 1 lattina (4 once) di funghi affettati, scolati
- 8 once di spaghetti, cotti caldi
- parmigiano grattugiato

PREPARAZIONE

1. Versare circa 1/3 della salsa nella pentola a cottura lenta. Metti il pollo nella pentola a cottura lenta; guarnire con i funghi e la salsa rimanente. coprire e cuocere a BASSA per 6-8 ore. Servire con spaghetti cotti caldi, parmigiano e un'insalata condita.
2. Serve da 4 a 6.

Pollo greco con petto di pollo e pomodori, pentola a cottura lenta

INGREDIENTI

- Da 4 a 6 petti di pollo senza pelle
- 1 litro. lattina (15 once) salsa di pomodoro
- 1 lattina (14,5 once) di pomodori a cubetti con succo
- 1 lattina di funghi a fette
- 1 lattina (4 once) di olive mature affettate
- 2 spicchi d'aglio, tritati
- 1 cucchiaio. succo di limone
- 1 cucchiaino. origano in foglia essiccata
- 1/2 tazza di cipolla tritata
- 1/2 sec. vino bianco secco (facoltativo)
- 2 tazze di riso cotto caldo
- Sale qb

PREPARAZIONE

1. Lavare il pollo e asciugarlo. Infornare a 350° per circa 30 minuti. Nel frattempo, unire tutti gli altri ingredienti (tranne il riso). Tagliare a dadini il pollo e unirlo alla salsa; coprire e cuocere a fuoco basso per 4 o 5 ore. Servire il pollo e la salsa con il riso cotto caldo.
2. Serve da 4 a 6.

Pollo alle erbe con riso selvatico, pentola a cottura lenta

INGREDIENTI

- Bocconcini di pollo da 1 a 1 1/2 libbre o metà di petto di pollo disossato

- da 6 a 8 once di funghi a fette

- 1 cucchiaio di olio vegetale

- 2 o 3 fette di pancetta sbriciolata o 2 cucchiai di veri pezzetti di pancetta

- 1 cucchiaino di burro

- 1 scatola (6 oz.) Uncle Bens (sapore di pollo) a grani lunghi e riso selvatico

- 1 lattina di crema di brodo di pollo, alle erbe o al naturale

- 1 tazza d'acqua

- 1 cucchiaino di miscela di erbe, come erbe fini o una miscela delle tue preferite; prezzemolo, timo, dragoncello, ecc.

PREPARAZIONE

1. Soffriggere i pezzi di pollo e i funghi in olio e burro fino a quando il pollo non sarà leggermente dorato. Mettere la pancetta sul fondo di una pentola a cottura lenta da 3 1/2 a 5 quarti. Mettere il riso sopra la pancetta. Prenota pacchetto di condimenti. Metti le offerte di pollo sul riso - se usi petti di pollo, tagliali a strisce o cubetti. Versare la zuppa sul pollo, quindi aggiungere l'acqua. Completare con i condimenti e cospargere con la miscela di erbe. Coprire e cuocere a BASSA per 5 1/2 - 6 1/2 ore, o fino a quando il riso è tenero (non molliccio).
2. Serve da 4 a 6.

Pollo al miele e zenzero

INGREDIENTI

- 3 libbre di petto di pollo senza pelle

- Radice di zenzero fresco da 1 1/4 di pollice, sbucciata e tritata finemente

- 2 spicchi d'aglio, tritati

- 1/2 tazza di salsa di soia

- 1/2 tazza di miele

- 3 cucchiai di sherry secco

- 2 cucchiai di amido di mais mescolati con 2 cucchiai di acqua

PREPARAZIONE

1. Unisci zenzero, aglio, salsa di soia, miele e sherry in una piccola ciotola. Immergere i pezzi di pollo nella salsa; mettere i pezzi di pollo in una pentola a cottura lenta; versare la salsa rimanente su tutto. Coprire e cuocere a BASSA per circa 6 ore.
2. Rimuovere il pollo dal piatto da portata caldo e versare i liquidi in una padella o in una padella. Portare a ebollizione e continuare a cuocere a fuoco lento per 3-4 minuti per ridurre leggermente. Sbatti l'amido di mais nella miscela di salsa.
3. Cuocere a fuoco basso fino a quando non si addensa. Versare un po' di salsa sul pollo e passare il resto.
4. Servire il pollo con il riso caldo.

Pollo in agrodolce, pentola a cottura lenta

INGREDIENTI

- Da 4 a 6 petti di pollo, senza pelle e disossati
- 1 tazza di brodo di pollo a basso contenuto di sodio
- 1 confezione di Knorr's Hot and Sour Soup Mix

PREPARAZIONE

1. Metti i petti di pollo nella pentola di coccio; aggiungere il mix di zuppa calda e acida. Versare il brodo di pollo su tutto e cuocere a fuoco basso per 5-6 ore.
2. Servire con riso o pasta. La ricetta del pollo in agrodolce serve da 4 a 6.

Pollo Italiano Con Broccoli E Salsa Di Panna

INGREDIENTI

- 4 metà di petto di pollo disossate
- 2 buste Good Seasons Italian Dressing
- 1/2 tazza d'acqua
- 1 (8 once) conf. crema di formaggio, ammorbidito
- 1 lattina (10 1/2 oz.) crema condensata di zuppa di pollo
- 1 lattina (4 oz.) di funghi, scolati
- 8 once. tagli di broccoli surgelati
- 1 libbra di linguine, cotte e scolate

PREPARAZIONE

1. Tagliare il pollo a pezzi e metterlo nella pentola.
2. Mescolare il condimento per insalata con l'acqua e versare sul pollo.
3. Coprire e cuocere a fuoco basso per circa 3 ore. In una piccola ciotola, sbattere il formaggio cremoso e la zuppa fino a quando non si saranno amalgamati. Unire i funghi e versare il composto sul pollo.
4. Aggiungere i pezzi di broccoli e cuocere per circa 1 ora in più.
5. Servire la salsa di pollo sulle linguine cotte calde.

Pollo all'italiana con spaghetti, pentola a cottura lenta

INGREDIENTI

- 1 lattina (8 once) di salsa di pomodoro
- Da 6 a 8 petti di pollo disossati, senza pelle
- 1 lattina (6 once) concentrato di pomodoro
- 3 cucchiai d'acqua
- 3 spicchi d'aglio medi, tritati
- 2 cucchiaini di origano in foglie essiccate, tritato
- 1 cucchiaino di zucchero, o a piacere
- spaghetti cotti caldi
- 4 once di mozzarella grattugiata
- parmigiano grattugiato

PREPARAZIONE

1. Se lo si desidera, rosolare il pollo in olio caldo; drenare. Cospargere generosamente con sale e pepe. Disporre il pollo in una pentola a cottura lenta. Unire la salsa di pomodoro, il concentrato di pomodoro, l'acqua, l'aglio, l'origano e lo zucchero; versare sopra il pollo. Coprire e cuocere a BASSA per 6-8 ore. Togliere il pollo e tenerlo in caldo. Accendere il fornello a fuoco alto, mescolare la mozzarella nella salsa. Cuocere scoperto, fino a quando il formaggio si scioglie e la salsa è riscaldata.
2. Servire il pollo e la salsa sugli spaghetti cotti caldi. Servire con parmigiano.
3. Serve da 6 a 8.

Cordon Bleu . di pollo a cottura lenta Karla's

INGREDIENTI

- Da 4 a 6 petti di pollo (battuti sottili)
- Da 4 a 6 fette sottili di prosciutto
- Da 4 a 6 fette di formaggio svizzero o mozzarella
- 1 lattina di zuppa di funghi (può usare qualsiasi zuppa di crema)
- 1/4 tazza di latte

PREPARAZIONE

1. Metti prosciutto e formaggio sul pollo. Arrotolare e fissare con uno stuzzicadenti. Metti il pollo in cp in modo che assomigli a un triangolo /_\ Sovrapponi il resto. Mescolare la zuppa e il latte. Versare sopra il pollo.
2. Coprire e cuocere a fuoco basso per 4-6 ore o finché il pollo non è più rosa.
3. Servire con le tagliatelle calde cotte con la salsa.

Il pollo in agrodolce di Kathy

INGREDIENTI

- 6 medie. carote, tagliate a pezzi o strisce da 1/2 pollice
- 1/2 tazza di peperone verde tritato finemente
- 1/4 tazza di cipolla tritata finemente
- 6 metà di petto di pollo, con o senza pelle
- 1/2 cucchiaino. sale
- 1 barattolo (10 oz.) di salsa agrodolce
- 1 barattolo (15 oz.) di pezzi di ananas, scolati
- 2 cucchiai. amido di mais

PREPARAZIONE

1. Metti tutti gli ingredienti in una pentola a cottura lenta o in una pentola con il pollo sopra.
2. Coprire e cuocere a bassa 6-8 ore. Rimuovere il pollo e addensare i succhi con 2 cucchiai di amido di mais sciolto per fare una pasta di media densità con un po' di acqua fredda.
3. Versare la salsa sui petti di pollo o rimuovere il pollo dall'osso e unirlo al composto di salsa. Servire con riso cotto caldo.

Pollo Crockpot pigro con funghi

INGREDIENTI

- 4 o 6 metà di petto di pollo disossato

- sale, pepe e paprika

- 1 lattina (10 3/4 once) di crema condensata di zuppa di funghi (o crema di pollo)

- 1/4 tazza di farina per tutti gli usi

- 1 lattina o vasetto (da 4 a 6 once) di funghi affettati

PREPARAZIONE

1. Sciacquare i petti di pollo e asciugarli. Cospargere di sale, pepe e paprika su entrambi i lati. Disporre i petti di pollo in crockpot. Unire gli ingredienti rimanenti e versare sopra il pollo.
2. Coprire e cuocere a BASSA per circa 6 ore, finché il pollo non sarà cotto e tenero ma non asciutto.
3. Servire su pasta, riso o purè di patate.

Petto di pollo al limone e rosmarino

INGREDIENTI

- 1/2 sec. succo di limone
- 1 cucchiaio. olio vegetale
- 1 spicchio d'aglio, schiacciato
- 1 cucchiaino. rosmarino secco
- 1/4 di cucchiaino. sale
- 1/4 di cucchiaino. Pepe
- Petti di pollo disossati e senza pelle da 1 1/2 a 2 libbre

PREPARAZIONE

1. In un grande sacchetto per alimenti, mettere il succo di limone, l'olio, l'aglio, il rosmarino, il sale e il pepe. Aggiungi il pollo. Chiudere il sacchetto e marinare in frigorifero 3-4 ore, girando il sacchetto di tanto in tanto. Metti il pollo nella pentola a cottura lenta e versaci sopra la marinata. Coprire e cuocere per 6-8 ore, o finché sono teneri, bagnando di tanto in tanto con la marinata, se possibile. Puoi aggiungere broccoli e carote congelati da 1 a 1 1/2 ore prima della fine.
2. Serve da 4 a 6.

Pollo Leggero Alla Stroganoff

INGREDIENTI

-
1 tazza di panna acida senza grassi

- 1 cucchiaio di farina multiuso Gold Metal Gold

- 1 busta di salsa di pollo (circa 30 grammi)

- 1 tazza d'acqua

- Petto di pollo disossato e senza pelle da 1 libbra, tagliato in pezzi da 1 pollice

- 16 once di verdure miste californiane surgelate, scongelate

- 1 tazza di funghi affettati, saltati in padella

- 1 tazza di piselli surgelati

- 10 once di patate, sbucciate e tagliate a pezzi da 1 pollice, circa 2 patate medie sbucciate

- 1 1/2 tazze di miscela per dolci Bisquick®

- 4 cipolle verdi, tritate (1/3 tazze)

-
1/2 tazza di latte scremato all'1%

PREPARAZIONE

1. Mescolare la panna acida, la farina, la miscela di sugo e l'acqua in un crockpot da 3-1 / 2 a 5 quarti fino a che liscio. Mescolare il pollo, le verdure e i funghi. Coprire e cuocere a fuoco basso per 4 ore o fino a quando il pollo è tenero e la salsa si è addensata. Unire i piselli. Mescolare la miscela di cottura e le cipolle. Mescolare nel latte solo fino a quando inumidito. Versare l'impasto a cucchiai arrotondati sulle miscele di pollo e verdure. Coprire e cuocere a fuoco alto per 45-50 minuti o fino a quando uno stuzzicadenti inserito al centro degli gnocchi esce pulito.
2. Servire subito 4 Porzioni.

Crockpot di pollo glassato di Lori

INGREDIENTI

- 6 once di succo d'arancia, concentrato congelato, scongelato

- 6 metà di petto di pollo

- 1/2 cucchiaino di maggiorana o timo in polvere

- 1/8 cucchiaino di noce moscata macinata

- un pizzico di aglio in polvere

- 1/4 tazza di acqua fredda cold

- 2 cucchiai di amido di mais

PREPARAZIONE

1. In una piccola ciotola, unire il concentrato di succo d'arancia scongelato con la maggiorana, l'aglio in polvere e la noce moscata macinata. Lavare il pollo e asciugarlo; immergere i pezzi nella miscela di succo d'arancia per ricoprirli completamente. Mettere in una pentola a cottura lenta/Crock Pot. Versare il restante composto di succo d'arancia sul pollo. Coprire e cuocere a fuoco basso per 6-8 ore, o fino a quando il pollo è tenero e i succhi sono limpidi.
2. Quando il pollo è pronto, trasferiscilo sul piatto da portata.
3. Versare la salsa che rimane in una casseruola. Mescolare l'amido di mais e l'acqua e aggiungere il succo in padella. Cuocere a fuoco medio, mescolando continuamente, fino a quando non diventa denso e spumoso. Servire la salsa sul pollo.

Pollo di Marie al vino

INGREDIENTI

- 4 metà di petto di pollo disossate

- Farina

- sale e pepe

- 1/2 bicchiere di vino bianco, secco

- 1 lattina di zuppa di funghi

- 1/2 tazza di cipolle tritate

PREPARAZIONE

1. Tagliare 4 petti di pollo disossati e senza pelle in pezzi di circa 1 pollice. Infarinare leggermente e cospargere di sale e pepe. Versare 1/2 tazza di vino bianco da cucina in Crock Pot, aggiungere il pollo. Versare una lattina di crema di funghi e 1/2 tazza di cipolle tritate. Mescolare. Non aggiungere acqua perché fa il suo sugo. Cuocere a bassa per 7-8 ore o alta per 4-5 ore. Servire sopra le tagliatelle all'uovo o qualsiasi altra cosa tu voglia.
2. Serve 4.

Pollo al curry con marmellata

INGREDIENTI

- Da 4 a 6 petti di pollo disossati e senza pelle

- 3/4 di tazza di marmellata di arance

- 1/4 di tazza d'acqua

- 1 cucchiaino di curry in polvere

- 1/8 cucchiaino di pepe di Caienna

- Sale e pepe a piacere

PREPARAZIONE

1. Unire tutti gli ingredienti nella pentola a cottura lenta. Coprire e cuocere a fuoco basso per 5-7 ore. Servire i petti di pollo con i succhi sul riso cotto caldo. Se lo si desidera, addensare i succhi con un cucchiaio di amido di mais mescolato con una piccola quantità d'acqua.
2. Serve da 4 a 6.

Pollo alla Mediterranea

INGREDIENTI

- 6 petti di pollo senza pelle e disossati
- 1 lattina grande di salsa di pomodoro
- 1 lattina piccola passata di pomodoro
- 1 lattina di funghi a fette
- 1 lattina di olive mature, affettate o intere
- 1 cucchiaio di aglio
- 1 cucchiaio di succo di limone
- 1 cucchiaino di origano
- 1 cipolla, tritata
- 1/2 bicchiere di vino bianco secco, facoltativo
- riso cotto caldo
- Sale qb

PREPARAZIONE

1. Lavare il pollo e asciugarlo. Unire tutti gli ingredienti nella pentola a cottura lenta tranne il riso. Coprire e cuocere a fuoco basso per 6-8 ore. Servire il pollo e la salsa sul riso.
2. Serve 6.

Pollo in agrodolce di Michelle, pentola a cottura lenta

INGREDIENTI

- 4 carote medie, affettate
- 1 costa di sedano, affettata
- 1/2 sec. pepe verde tritato
- 1/2 sec. cipolla tritata
- 3 petti di pollo, tagliati per il lungo
- 1/2 cucchiaino. sale
- 1 vasetto (10 once) di salsa agrodolce
- 1 - 151/2 once. lattina di pezzi di ananas, scolati
- 3 cucchiai di amido di mais
- 3 T. acqua fredda
- Riso cotto caldo

PREPARAZIONE

1. In una pentola a cottura lenta, mettere le carote, il sedano, il peperone verde e la cipolla. Completare con i petti di pollo. Cospargere di sale. Versare su tutto la salsa agrodolce e i pezzi di ananas. Copertina. Cuocere a bassa 7-8 ore o alta 3 1/2-4 ore. Togliere il pollo, tenerlo al caldo. Mescolare l'amido di mais e l'acqua, mescolare nei succhi in una pentola a cottura lenta/Crock Pot. Copertina; cuocere a fuoco alto 10-15 minuti o fino a quando non si addensa. Condire a piacere e servire sul riso.

Pollo al formaggio Nachocho

INGREDIENTI

- Da 4 a 6 petti di pollo disossati e senza pelle
- 1 lattina (circa 1 libbra) di pomodori a cubetti nel succo
- 1 lattina di zuppa di formaggio nacho condensato
- 1 lattina (4oz) di peperoncini verdi tritati delicati
- Sale e pepe a piacere

PREPARAZIONE

1. Unire tutti gli ingredienti nella pentola a cottura lenta/crock pot. Coprire e cuocere a fuoco basso per 7-9 ore, o fino a quando il pollo è cotto. Servire con riso caldo e bollito.
2. Serve da 4 a 6.

Pollo facile di Nancys

INGREDIENTI

- 1 lattina di zuppa di crema di sedano
- 1 lattina di crema di pollo
- 2 lattine di zuppa di formaggio cheddar
-

4-6 petti di pollo chicken

PREPARAZIONE

1. Metti le zuppe e i petti di pollo nella pentola a cottura lenta. Coprire e cuocere a fuoco basso da 5 a 6 ore o fino a quando il pollo è completamente cotto.

Ricetta di pollo all'arancia, pentola a cottura lenta

INGREDIENTI

- 6 metà di petto di pollo, disossate e senza pelle
- 1/2 cucchiaino di zenzero macinato
- 1 cucchiaino di sale
- Pepe
- 6 once di succo d'arancia concentrato congelato
- riso cotto caldo
- 1 tazza di cocco grattugiato
- 1 1/2 tazze di spicchi d'arancia o mandarini in scatola
-

4 cipolle verdi, tritate

PREPARAZIONE

1. Unire pollo, zenzero, sale, pepe e succo d'arancia congelato in una pentola a cottura lenta. Coprire e cuocere a BASSA per 6 ore. Disporre il pollo su un letto di riso cotto caldo. Guarnire con cocco grattugiato, spicchi d'arancia e cipolle verdi.
2. Serve 6.

Pollo e riso cremosi di Paige, pentola a cottura lenta

INGREDIENTI

- tender di pollo (3 a persona)
- crema di funghi (1 lattina per 2-3 persone, 2 per 4-6)
- Mix di zuppa di cipolle Mrs. Grass (1 per ogni lattina di zuppa)
- 1 cucchiaio di olio d'oliva
- riso integrale a chicco lungo (1 tazza per lattina di zuppa)
- 1 cucchiaio di timo intero, tritato
- Sale e pepe a piacere
- quantità desiderata di cimette di broccoli (opzionale)
- peperone rosso a dadini (facoltativo)

PREPARAZIONE

1. Quando usi il riso integrale, hai bisogno di 2 1/4 di tazza di liquido per ogni tazza di riso. Quindi svuoto la mia lattina di zuppa in un misurino e aggiungo acqua (o vino bianco) a 2 1/2 (non un errore di battitura, è necessario l'extra per il mix di zuppa di cipolle). Scaldare l'olio d'oliva in una padella e aggiungere il riso finché non inizia a scoppiettare, ma non a dorarsi. Questo renderà il riso denso e lo aiuterà a mantenere la sua forma durante la cottura. Mescolare

insieme le zuppe e altra acqua, erbe aromatiche e condimenti.
2. Unire tutti gli ingredienti (tranne le verdure) in coccio e cuocere in alto 4-6 ore o 8-10 ore in basso. Durante gli ultimi 30-45 minuti, aggiungi le verdure desiderate.
3. Appunti di Paige: Di solito prepara una cena per noi due e un'altra a pranzo per me. È diventata anche una richiesta frequente quando la mia famiglia allargata si riunisce in spiaggia per una settimana. Facile da collegare, andare a pettinare la spiaggia e tornare a casa affamato! Ottimo con crostini di pane e un'insalata fresca.

Pollo alla paprika con gnocchi
INGREDIENTI

- 6 metà di petto di pollo disossate e senza pelle

- 1/2 tazza di cipolla tritata

- 1 cucchiaino. sale

- 1/2 cucchiaino. Pepe nero

- 1 cucchiaio. paprika dolce ungherese

- 1 tazza di brodo di pollo

- 8 once di panna acida

- 1 cucchiaio. amido di mais o farina.

-

Ravioli

- 3 uova grandi

- 1/3 di tazza d'acqua

- 2 1/2 tazza di farina per tutti gli usi, circa 11 once

PREPARAZIONE

1. Aggiungi le cipolle alla pentola a cottura lenta.
2. Aggiungere i condimenti, il pollo e il brodo di pollo.
3. Coprire e cuocere a fuoco basso da 5 a 6 ore.
4. Unire la panna acida e l'amido di mais in una ciotola o in una tazza.
5. Mescolare in una pentola a cottura lenta e riscaldare.
6. Assaggiate e aggiustate i condimenti.
7. Servire con gnocchi.

Ravioli: Sbattere 3 uova; aggiungere 1/3 tazza di acqua e 2 1/2 tazze di farina Sbattere con un cucchiaio fino a che liscio. Immergi il cucchiaino in acqua bollente salata e cuoci finché gli gnocchi non salgono in superficie, circa 10 minuti.

Serve 6.

Pollo cremoso di Pat

INGREDIENTI

- Da 4 a 6 petti di pollo disossati, senza pelle
- 1/4 tazza di burro fuso
- Sale e pepe a piacere
- timo in foglie essiccate, a piacere
- 1 spicchio d'aglio, tritato
- 1 lattina (10 1/2 once) crema di zuppa di pollo
- 8 once di formaggio cremoso, tagliato a cubetti, possono utilizzare grassi ridotti
- 1/2 tazza di brodo di pollo
- 1 tazza di cipolle tritate
- 1/2 tazza di sedano tritato

PREPARAZIONE

1. Metti i petti di pollo nella pentola.
2. Spennellare il pollo con il burro e cospargere di sale e pepe. Aggiungere le erbe e gli altri ingredienti.
3. Coprire e cuocere a fuoco basso per 6-7 ore.

Pollo alla pesca

INGREDIENTI

- Da 6 a 8 petti di pollo disossati

- 1 confezione di zuppa secca di cipolle dorate

- 3/4 di tazza di confettura di pesche

- 1/4 tazza di condimento per insalata russa

- 1 confezione (16 once) di piselli, piselli zuccherati o verdure miste orientali, scongelate

PREPARAZIONE

1. Lavare il pollo e asciugarlo; posto in pentola a cottura lenta/Crock Pot. Aggiungere il mix di zuppa, le conserve e il condimento. Mescolare per unire. Cuocere a fuoco basso per 6-8 ore o in alto per 3-4 ore. Aggiungere le verdure (si possono scongelare velocemente sotto l'acqua corrente calda) negli ultimi 30-60 minuti. Servire sul riso.
2. Serve 6.

Ricetta Provinciale Di Pollo

INGREDIENTI

-
 1 1/2 libbre di pollo tenero, congelato
-
 2 zucchine piccole, a dadini
-
 1 lattina (4 once) di olive nere affettate
- 1 cucchiaio di aceto di vino sherry, aceto di vino bianco o aceto balsamico
- 1 lattina di pomodori a cubetti di buona qualità (circa 15 once)
- 1 lattina (10 once) di zuppa di pollo alle erbe
- 2 cucchiaini di fiocchi di prezzemolo essiccato
- 1 cucchiaino di basilico essiccato
- 1 cucchiaio di cipolla tritata essiccata
- 1 tazza di formaggio cheddar grattugiato
- 2-3 cucchiai di panna acida (opzionale)
- tagliatelle calde, riso o pasta

PREPARAZIONE

1. Unire i primi 9 ingredienti in una pentola a cottura lenta da 3 1/2 quarti/pentola di coccio (o più grande). Coprire e cuocere a fuoco basso per 6-8 ore. Aggiungere il formaggio e la panna acida negli ultimi 15 minuti. Servire su noodles caldi, riso o pasta.
2. Questa ricetta di pollo crockpot serve 4.

Pollo affumicato di Rose-Marie

INGREDIENTI

- Da 4 a 6 petti di pollo disossati, senza pelle
- 1 cucchiaio di olio extra vergine di oliva
- 1 cucchiaio di burro
- 1 cipolla grande, affettata
- 12 once di funghi portobello o crimini, affettati
- verdure, a scelta, 2 tazze affettate/a dadini•
- 1 lattina (10 3/4 once) di crema condensata di zuppa di pollo
- 1 lattina (10 3/4 once) di crema condensata di zuppa di funghi
- 1 lattina (10 3/4 once) di zuppa di cipolle francese condensata
- Pepe nero appena macinato

PREPARAZIONE

1. Scaldare l'olio d'oliva e il burro in una padella o in una padella a fuoco medio-alto. Tagliare il pollo a bocconcini e rosolarlo velocemente nel grasso caldo.
2. Togliere il pollo dalla padella, mettere da parte e cuocere la cipolla fino a quando non si ammorbidisce e diventa leggermente dorata. Aggiungere i funghi e saltare per altri 5 minuti.

3. Disporre le verdure affettate o tagliate a cubetti sul fondo della pentola di coccio. Coprire con circa metà del composto di funghi e cipolla.
4. Coprire con il pollo rosolato, quindi il restante composto di funghi e cipolla.
5. Svuota tutte e tre le lattine di zuppa condensata nella padella. Cuocere, mescolando, fino a quando è caldo, raschiando eventuali pezzi dorati dal fondo della padella. Versare il composto di zuppa calda sul composto di pollo nella pentola a cottura lenta.
6. Spolverare con pepe nero macinato al momento.
7. Coprire e cuocere in ALTO per 2 1/2-3 ore, o fino a quando il pollo è cotto e le verdure sono tenere. Oppure cuocere il piatto per circa 5-6 ore su BASSA.
8. Servire su riso cotto, pasta, biscotti o verdure.

Pollo Stile Rustico Con Funghi E Pomodori

INGREDIENTI

- Petti di pollo disossati da 1 a 1 1/2 libbre, tagliati in strisce da 1 pollice
- 1 cucchiaio di veri pezzetti di pancetta o pancetta cotta sbriciolata
- 1 lattina (14,5 once) di pomodori a cubetti, scolati
- 1 lattina (15 once) di cuori di carciofo, in quarti, scolati o cotti congelati
- 1 lattina (4oz) di funghi affettati, scolati
- 1 confezione di sugo di pollo secco (circa 30 grammi)
- 1/4 di bicchiere di vino rosso, come cabernet o pinot nero
-
2 cucchiai di senape di Digione

PREPARAZIONE

1. Unire tutti gli ingredienti in una pentola a cottura lenta da 3 1/2 quarti o più grande; mescolare per unire. Coprire e cuocere a bassa 6-8 ore. Servire su pasta o riso.
2. Serve 4.

Il pollo di Sally con le olive

INGREDIENTI

- 4 metà del seno senza pelle disossate o utilizzare bone-in
- 1/2 bicchiere di vino (rosso o bianco o 1/4 di bicchiere ciascuno)
- 1/4 tazza di olio d'oliva
- 1/4 tazza di aceto di vino rosso
- 1-2 cucchiai di origano
- 2 foglie di alloro
- 4-6 spicchi d'aglio, schiacciati
- Da 1/2 a 1 cucchiaino di pepe macinato fresco
- 1 cucchiaino di sale
- 2 cucchiai di capperi più un po' di succo
- 1/3-1/2 tazza di olive verdi
-
1/3 di tazza di zucchero di canna scuro

PREPARAZIONE

1. Metti il pollo in una pentola. Mescolare insieme gli ingredienti rimanenti; versare sopra il pollo. Cuocere a fuoco lento per circa 6-7 ore. Le olive sono davvero deliziose dopo averle cotte per un po': sono un po' dolci per lo zucchero di canna e sono semplicemente deliziose! Questo pollo può essere servito anche freddo.
2. Serve 4.

Pollo arrosto facile di Geoff con salsa

INGREDIENTI

- 1 pollo, arrosto

- sale e pepe

PREPARAZIONE

1. Puliamo semplicemente il pollo, lo laviamo e lo mettiamo nella pentola. Aggiungere un pizzico di sale e una spolverata di pepe. Lasciare per circa 6 ore in alto.

2. Quando tiriamo fuori il prodotto finito scoliamo il succo rimanente in una tazza, copriamo con un foglio e lo mettiamo nel congelatore per circa mezz'ora. Questo solidifica tutto il grasso nella parte superiore della tazza. Raschiare questo e il brodo rimasto lo aggiungiamo al sugo.

Pollo all'ananas allo zenzero

INGREDIENTI

- 4-5 petti di pollo disossati, a cubetti (circa 3/4 di pollice)
- 1 mazzetto di cipolle verdi, con circa 3 pollici di verde affettato da 1/2 pollice
- 1 lattina (8oz) di ananas schiacciato, non drenato
- 1 cucchiaio di zenzero cristallizzato tritato finemente
- 2 cucchiai di succo di limone
- 2 cucchiai di salsa di soia (a basso contenuto di sodio)
- 3 cucchiai di zucchero di canna o miele
- 1/2 cucchiaino di aglio in polvere

PREPARAZIONE

1. Unire tutti gli ingredienti nella pentola a cottura lenta; coprire e cuocere a fuoco basso per 6-8 ore. Servire su riso o noodles piatti.

2. Serve 4.

Pollo alla greca

INGREDIENTI

- Da 4 a 6 petti di pollo senza pelle
- 1 litro. lattina (15 once) salsa di pomodoro
- 1 lattina (14,5 once) di pomodori a cubetti con succo
- 1 lattina di funghi a fette
- 1 lattina (4 once) di olive mature affettate
- 2 spicchi d'aglio, tritati
- 1 cucchiaio. succo di limone
- 1 cucchiaino. origano in foglia essiccata
- 1/2 tazza di cipolla tritata
- 1/2 sec. vino bianco secco (facoltativo)
- 2 tazze di riso cotto caldo
- Sale qb

PREPARAZIONE

1. Lavare il pollo e asciugarlo. Infornare a 350° per circa 30 minuti. Nel frattempo, unire tutti gli altri ingredienti (tranne il riso). Tagliare a dadini il pollo e unirlo alla salsa; coprire e cuocere a fuoco basso per 4 o 5 ore. Servire il pollo e la salsa con il riso cotto caldo.

2. Serve da 4 a 6.

Bacchette Hawaiane

INGREDIENTI

- 12 cosce di pollo
- 1 tazza di ketchup
- 1 tazza di zucchero di canna scuro confezionato
- 1/2 tazza di salsa di soia
- zenzero fresco grattugiato, 1 cucchiaio
- una spruzzata di olio di semi di sesamo

PREPARAZIONE

1. Coprire e cuocere a fuoco basso per circa 8 ore. Servire sopra il riso bianco.

2. Ahahah!

3. Ricetta delle cosce di pollo condivisa da LeRoy e Nitz Dawg!

Pollo Alle Erbe Con Verdure

INGREDIENTI

- pezzi di pollo da 3 a 4 libbre
- Da 1 1/2 a 2 tazze di cipolle intere piccole congelate o in scatola e scolate
- 2 tazze di carotine intere
- 2 patate medie, tagliate a pezzi da 1 pollice
- 1 1/2 tazze di brodo di pollo
- 2 coste di sedano medie, tagliate a pezzi da 2 pollici
- 2 fette di pancetta, a dadini
- 1 foglia di alloro
- 1/4 di cucchiaino di timo essiccato
- 1/4 di cucchiaino di pepe nero
- 1/4 tazza di prezzemolo fresco tritato
- 2 cucchiai di dragoncello fresco, tritato o 1 cucchiaino di dragoncello essiccato
- 1 cucchiaino di scorza di limone grattugiata
- 2 cucchiai di succo di limone fresco
- 1/2 cucchiaino di sale, o a piacere

PREPARAZIONE

1. In una pentola a cottura lenta, unire pollo, cipolle, carote, patate, brodo, sedano, pancetta, alloro, timo e pepe. Impostare su basso e cuocere dalle 8 alle 10 ore.

2. Mettere da parte.

3. Rimuovi il pollo e le verdure su un piatto riscaldato, usando un mestolo forato. Coprire con pellicola e tenere in caldo. Scolare ed eliminare il grasso in eccesso. Mescolare il prezzemolo, il dragoncello, la scorza e il succo di limone, insieme a sale a piacere; cucchiaio su pollo e verdure.

Pollo alle erbe con riso selvatico

INGREDIENTI

- Bocconcini di pollo da 1 a 1 1/2 libbre o metà di petto di pollo disossato
- da 6 a 8 once di funghi a fette
- 1 cucchiaio di olio vegetale
- 2 o 3 fette di pancetta sbriciolata o 2 cucchiai di veri pezzetti di pancetta
- 1 cucchiaino di burro
- 1 scatola (6 oz.) Uncle Bens (sapore di pollo) a grani lunghi e riso selvatico
- 1 lattina di crema di brodo di pollo, alle erbe o al naturale
- 1 tazza d'acqua
- 1 cucchiaino di miscela di erbe, come erbe fini o una miscela delle tue preferite; prezzemolo, timo, dragoncello, ecc.

PREPARAZIONE

1. Soffriggere i pezzi di pollo e i funghi in olio e burro finché il pollo non sarà leggermente dorato. Mettere la pancetta sul fondo di una pentola a cottura lenta da 3 1/2 a 5 quarti. Mettere il riso sopra la pancetta. Prenota pacchetto di condimenti. Metti le offerte di pollo sul riso - se usi petti di pollo, tagliali a strisce o cubetti. Versare la zuppa sul pollo, quindi aggiungere l'acqua. Completare con i condimenti e cospargere con la miscela di erbe. Coprire e cuocere a BASSA per 5 1/2 - 6 1/2 ore, o fino a quando il riso è tenero (non molliccio).

2. Serve da 4 a 6.

Pollo al miele e zenzero

INGREDIENTI

- 3 libbre di petto di pollo senza pelle
- Radice di zenzero fresco da 1 1/4 di pollice, sbucciata e tritata finemente
- 2 spicchi d'aglio, tritati
- 1/2 tazza di salsa di soia
- 1/2 tazza di miele
- 3 cucchiai di sherry secco
- 2 cucchiai di amido di mais mescolati con 2 cucchiai di acqua

PREPARAZIONE

1. Unisci zenzero, aglio, salsa di soia, miele e sherry in una piccola ciotola. Immergere i pezzi di pollo nella salsa; mettere i pezzi di pollo in una pentola a cottura lenta; versare la salsa rimanente su tutto. Coprire e cuocere a BASSA per circa 6 ore.

2. Rimuovere il pollo dal piatto da portata caldo e versare i liquidi in una padella o in una padella. Portare a ebollizione e continuare a cuocere a fuoco lento per 3-4 minuti per ridurre leggermente. Sbatti l'amido di mais nella miscela di salsa.

3. Cuocere a fuoco basso finché non si addensa. Versare un po' di salsa sul pollo e passare il resto.

4. Servire il pollo con riso caldo.

Pollo alla brace con miele e patate dolci

INGREDIENTI

- 3 tazze di patate dolci sbucciate e affettate, circa 2 patate dolci da medie a grandi
- 1 lattina (8 once) pezzi di ananas nel succo, non scolati
- 1/2 tazza di brodo di pollo
- 1/4 tazza di cipolla tritata finemente
- 1/2 cucchiaino di zenzero macinato
- 1/3 tazza di salsa barbecue, la tua preferita
- 2 cucchiai di miele
- 1/2 cucchiaino di senape secca
- Da 4 a 6 quarti di coscia di pollo (cosce con le cosce, senza pelle skin

PREPARAZIONE

1. In una pentola a cottura lenta da 3 1/2 a 5 quarti, unire patate dolci, ananas con succo, brodo di pollo, cipolla tritata e zenzero macinato; mescolare per amalgamare bene. In una piccola ciotola, unire salsa barbecue, miele e senape secca; mescolare per amalgamare bene. Rivestire il pollo generosamente su tutti i lati con la salsa barbecue. Disporre il pollo ricoperto in un unico strato sopra la miscela di patate dolci e ananas, sovrapponendo se necessario. Versare il composto di salsa barbecue rimanente sul pollo.

2. Copertura; cuocere a fuoco basso per 7-9 ore o fino a quando il pollo è tenero e i succhi sono limpidi e le patate dolci sono tenere.

3. Serve da 4 a 6.

Pollo Hoisin al miele

INGREDIENTI

- Parti di pollo da 2 a 3 libbre (o pollo intero, tagliato)

- 2 cucchiai di salsa di soia

- 2 cucchiai di salsa di hoisin

- 2 cucchiai di miele

- 2 cucchiai di vino bianco secco

- 1 cucchiaio di radice di zenzero grattugiata o 1 cucchiaino di zenzero macinato

- 1/8 cucchiaino di pepe nero macinato

- 2 cucchiai di amido di mais

- 2 cucchiai d'acqua

PREPARAZIONE

1. Lavare il pollo e asciugarlo; disporre sul fondo della slow cooker.

2. Unire la salsa di soia, la salsa di hoisin, il miele, il vino, lo zenzero e il pepe. Versare la salsa sul pollo.

3. Coprire e cuocere a fuoco basso per circa 5 1/2-8 ore, o fino a quando il pollo è tenero e i succhi sono chiari.

4. Mescolare l'amido di mais e l'acqua.

5. Rimuovere il pollo dalla pentola a cottura lenta; accendere in alto e aggiungere la miscela di amido di mais e acqua.

6. Continuare a cuocere fino a quando non si addensa e aggiungere il pollo nella pentola a cottura lenta per farlo scaldare.

Pollo all'italiana

INGREDIENTI

- 4 petti di pollo, disossati, tagliati a bocconcini
- 1 - 16 once. lattina di pomodori, tritati
- 1 peperone verde dolce grande, a dadini
- 1 cipolla piccola da cucinare a dadini
- 1 costa media di sedano, a dadini
- 1 carota media, pelata e tagliata a dadini
- 1 foglia di alloro
- 1 cucchiaino di origano secco
- 1 cucchiaino di basilico essiccato
- 1/2 cucchiaino di timo essiccato, facoltativo
- 2 spicchi d'aglio, tritati; OPPURE 2 cucchiaini. polvere d'aglio
- 1/2 cucchiaino di sale
- 1/2 cucchiaino di fiocchi di peperoncino rosso, o a piacere
- 1/2 tazza di parmigiano grattugiato o formaggio romano

PREPARAZIONE

1. Unire tutti gli ingredienti, tranne il formaggio grattugiato, nella pentola a cottura lenta.

2. Coprire e cuocere a fuoco basso per 6-8 ore. Togliere l'alloro e cospargere di formaggio grattugiato prima di servire.

3. Buono su riso o pasta

Pollo all'italiana nel crockpot

INGREDIENTI

- 1 libbra di cosce di pollo disossate, senza pelle, o 4 quarti di cosce di pollo, senza pelle
- 1/2 tazza di cipolla tritata
- 1/2 tazza di olive mature denocciolate affettate
- 1 lattina (14,5 once) di pomodori a cubetti, non scolati
- 1 cucchiaino di origano in foglie essiccate
- 1/2 cucchiaino di sale
- 1/2 cucchiaino di rosmarino essiccato, sbriciolato
- un pizzico di timo in foglie essiccate
- 1/4 di cucchiaino di aglio in polvere
- 1/4 tazza di acqua fredda o brodo di pollo
- 1 cucchiaio di amido di mais

PREPARAZIONE

1. Metti il pollo in una pentola a cottura lenta da 3 1/2 a 5 quarti. Completare con la cipolla tritata e le olive affettate. Unire i pomodori con origano, sale, rosmarino, timo e aglio in polvere. Versare il composto di pomodoro sul pollo. Coprire e cuocere a BASSO per 7-9 ore, o fino a quando il pollo è tenero e i succhi non sono limpidi. Con un mestolo forato, rimuovere il pollo e le verdure su un piatto da portata caldo. Coprire con pellicola e tenere in caldo. Aumenta il crockpot su ALTO.

2. In una tazza o in una ciotolina, unire l'acqua o il brodo e l'amido di mais; mescolare fino a che liscio. Mescolare in liquidi nel crockpot. Coprire e cuocere fino a quando non si addensa. Servire la salsa addensata con il pollo.

3. Serve 4.

Pollo all'italiana con spaghetti, pentola a cottura lenta

INGREDIENTI

- 1 lattina (8 once) di salsa di pomodoro
- Da 6 a 8 petti di pollo disossati, senza pelle
- 1 lattina (6 once) concentrato di pomodoro
- 3 cucchiai d'acqua
- 3 spicchi d'aglio medi, tritati
- 2 cucchiaini di origano in foglie essiccate, tritato
- 1 cucchiaino di zucchero, o a piacere
- spaghetti cotti caldi
- 4 once di mozzarella grattugiata
- parmigiano grattugiato

PREPARAZIONE

1. Se lo si desidera, rosolare il pollo in olio caldo; drenare. Cospargere generosamente con sale e pepe. Disporre il pollo in una pentola a cottura lenta. Unire la salsa di pomodoro, il concentrato di pomodoro, l'acqua, l'aglio, l'origano e lo zucchero; versare sopra il pollo. Coprire e cuocere a BASSA per 6-8 ore. Togliere il pollo e tenerlo in caldo. Accendere il fornello a fuoco alto, mescolare la mozzarella nella salsa. Cuocere scoperto, fino a quando il formaggio si scioglie e la salsa è riscaldata.
2. Servire il pollo e la salsa sugli spaghetti cotti caldi. Servire con parmigiano.
3. Serve da 6 a 8.

Pollo Leggero Alla Stroganoff

INGREDIENTI

-
1 tazza di panna acida senza grassi
- 1 cucchiaio di farina multiuso Gold Metal Gold
- 1 busta di salsa di pollo (circa 30 grammi)
- 1 tazza d'acqua
- Petto di pollo disossato e senza pelle da 1 libbra, tagliato in pezzi da 1 pollice
- 16 once di verdure miste californiane surgelate, scongelate
- 1 tazza di funghi affettati, saltati in padella
- 1 tazza di piselli surgelati
- 10 once di patate, sbucciate e tagliate a pezzi da 1 pollice, circa 2 patate medie sbucciate
- 1 1/2 tazze di preparato per biscotti Bisquick
- 4 cipolle verdi, tritate (1/3 tazze)
-
1/2 tazza di latte scremato all'1%

PREPARAZIONE

1. Mescolare la panna acida, la farina, la miscela di sugo e l'acqua in un crockpot da 3-1 / 2 a 5 quarti fino a che liscio. Mescolare il pollo, le verdure e i funghi. Coprire e cuocere a fuoco basso per 4 ore o fino a quando il pollo è tenero e la salsa si è addensata. Unire i piselli. Mescolare la miscela di cottura e le cipolle. Mescolare nel latte solo fino a quando inumidito. Versare l'impasto a cucchiai arrotondati sulle miscele di pollo e verdure. Coprire e cuocere a fuoco alto per 45-50 minuti o fino a quando uno stuzzicadenti inserito al centro degli gnocchi esce pulito.
2. Servire subito 4 Porzioni.

Pollo a cottura lenta Lilly's con salsa al formaggio

INGREDIENTI

- 6 metà di petto di pollo disossate e senza pelle
- 2 lattine crema di zuppa di pollo
- 1 lattina di zuppa di formaggio
- sale, pepe, aglio in polvere a piacere

PREPARAZIONE

1. Cospargere i petti di pollo con aglio in polvere, sale e pepe.
2. Metti 3 petti di pollo nella pentola a cottura lenta. Unire tutte le zuppe; versare metà della zuppa sui primi 3 petti di pollo.
3. Adagiate sopra i restanti 3 petti di pollo. Versare sopra la zuppa rimanente.
4. Coprire e cuocere a BASSA per 6-8 ore.

Petti di pollo alla messicana

INGREDIENTI

- 2 cucchiai di olio vegetale
- 3-4 petti di pollo disossati, senza pelle, tagliati in pezzi da 1 pollice
- 1/2 tazza di cipolla tritata
- 1 peperone verde (o utilizzare un peperone rosso)
- 1 o 2 peperoni jalapeno piccoli, tritati finemente
- 3 spicchi d'aglio, tritati
- 1 lattina (4 once) di peperoncino dolce, tritato
- 1 lattina (14 1/2 oncia) alla messicana, al peperoncino o a cubetti di pomodori arrostiti sul fuoco
- 1 cucchiaino di origano in foglie essiccate
- 1/4 di cucchiaino di cumino macinato
- formaggio misto messicano grattugiato
- salsa

Contorni opzionali

- panna acida
- guacamole
- cipolle verdi affettate
- pomodori a dadini

- lattuga sminuzzata

- olive mature affettate

- coriandolo

PREPARAZIONE
1. Scaldare l'olio in una padella larga a fuoco medio. Petti di pollo marroni. Rimuovere e scolare.
2. Nella stessa padella, soffriggere la cipolla, il peperone verde, l'aglio e il peperoncino jalapeño finché sono teneri.
3. Metti i petti di pollo e la miscela di cipolle nella pentola a cottura lenta.
4. Aggiungi peperoncini, pomodori, origano e cumino delicati nella pentola a cottura lenta; mescolare per unire.
5. Coprire e cuocere a BASSA 6-8 ore (ALTA 3-4 ore).
6. Servire con tortillas di farina calde, formaggio grattugiato e salsa, insieme ai tuoi condimenti e condimenti preferiti.
7. Guacamole o panna acida farebbero una bella guarnizione con cipolle verdi affettate o pomodori a cubetti.

Pollo Di Paula Con Porri

INGREDIENTI

- 3-4 libbre di parti di pollo, con l'osso
- Da 4 a 6 patate, tagliate a fette spesse circa 1/4 di pollice
- 1 confezione di zuppa di porri
- 1 porro affettato sottilmente o 4 cipolle verdi affettate
- 1/2 a 1 tazza d'acqua
- paprica
- Condimenti •

PREPARAZIONE

1. Disporre le patate sul fondo della pentola a cottura lenta/crock pot, aggiungere la cipolla o il porro, quindi aggiungere il pollo. (Se avrai diversi strati di pollo, sale e pepe mentre li metti dentro. Non condire ancora lo strato superiore.) Mescolare la zuppa di porri con circa 1/2 tazza d'acqua; versare su tutto. Condisci lo strato superiore di pollo. A questo punto spolvero anche di paprika per dargli colore.

• Se vi piace, aggiungete dell'aglio tritato e un po' di rosmarino fresco per condire.

Cuocere a fuoco lento per 6-7 ore, aggiungendo altra acqua se necessario.

Salsa barbecue

- 1 1/2 tazze di ketchup

- 4 cucchiai di burro

- 1/2 tazza di Jack Daniels o altro whisky di buona qualità

- 5 cucchiai di zucchero di canna

- 3 cucchiai di melassa

- 3 cucchiai di aceto di sidro

- 2 cucchiai di salsa Worcestershire

- 1 cucchiaio di salsa di soia

- 4 cucchiaini di senape alla Digione o una senape gourmet

- 2 cucchiaini di fumo liquido

- 1 1/2 cucchiaino di cipolla in polvere

- 1 cucchiaino di aglio in polvere

- 1 cucchiaio di sriracha, o più, a piacere (può sostituire circa 1 cucchiaino scarso di pepe di Caienna)

-
1/2 cucchiaino di pepe nero macinato

PREPARAZIONE

1. Foderare 2 teglie bordate con carta stagnola; spruzzare con spray da cucina antiaderente. Riscaldare il forno a 425°.
2. Mescolare le drumette con una miscela di farina, 1 cucchiaino di sale e 1/2 cucchiaino di pepe.

3. Disponete sulle teglie e infornate per 20 minuti. Girare i tamburi e rimettere in forno. Cuocere per 20 minuti in più, o fino a quando non saranno ben dorati.
4. Nel frattempo, mettere tutti gli ingredienti della salsa in una casseruola media; mescolare bene e portare a bollore a fuoco medio.
5. Ridurre il fuoco e cuocere a fuoco lento per 5 minuti.
6. Trasferisci le drumette in una ciotola o in una pentola a cottura lenta (se le tieni al caldo per una festa). Condisci con circa metà della salsa barbecue. Servire immediatamente con la salsa o accendere la pentola a cottura lenta su LOW per tenerli al caldo. Se non viene servita immediatamente, conservare in frigorifero la salsa rimanente fino al momento di servire.
7. Servite le drumette ben calde con la salsa per intingervi. Tieni a portata di mano molti tovaglioli.
8. Questa ricetta produce circa 3 dozzine di pezzi, sufficienti per 6-8 persone come antipasto..

Pollo e gnocchi di Sherri

INGREDIENTI

- 4 metà di petto di pollo
- 2 lattine di brodo di pollo (3 1/2 tazze)
- 1 tazza d'acqua
- 3 cubetti di brodo di pollo o base equivalente o granuli
- 1 carota piccola, tritata
- 1 piccola costa di sedano, tritata
- 1/2 tazza di cipolla tritata
-

12 tortillas di farina grandi

PREPARAZIONE

1. Unire tutti gli ingredienti nella pentola a cottura lenta, tranne le tortillas. Cuocere a bassa velocità dalle 8 alle 10 ore. Estrarre il pollo e togliere la carne dalle ossa, quindi mettere il brodo sul fuoco in una pentola capiente. Tagliare il pollo a bocconcini e rimetterlo nel brodo sul fornello. Portare a ebollizione lenta.
2. Tagliare le tortillas a metà, poi a strisce da 1 pollice. Mettere le strisce nel brodo bollente e far bollire dolcemente per 15-20 minuti, mescolando di tanto in tanto. Il brodo dovrebbe addensarsi, ma se troppo liquido, unire 1 cucchiaio di amido di mais con acqua quanto basta per scioglierlo e mescolare nel brodo.
3. Cuocere 5-10 minuti in più.
4. Serve 4.

Barbecue di pollo a cottura lenta semplice

INGREDIENTI

- 3 metà di petto di pollo disossate
- 1 tazza e 1/2 di salsa barbecue piccante, a tua scelta, più altro per servire
- 1 cipolla media, affettata o tritata
- panini tostati
- insalata di cavolo, per servire

PREPARAZIONE

1. Lavate i petti di pollo e asciugateli. Mettere in una pentola a cottura lenta con 1 1/2 tazze di salsa barbecue e la cipolla. Mescolare per ricoprire il pollo. Coprire e cuocere in ALTO per 3 ore.
2. Rimuovere i petti di pollo su un piatto e sminuzzare o tritare. Rimetti il pollo sminuzzato nella salsa nella pentola a cottura lenta; mescolare per amalgamare. Coprire e cuocere per 10 minuti in più.
3. Servire il pollo sminuzzato su panini tostati con insalata di cavolo e salsa barbecue extra.
4. Serve da 4 a 6.

Digione di pollo a cottura lenta

INGREDIENTI

-
- Da 1 a 2 libbre di petto di pollo
- 1 lattina di crema condensata di zuppa di pollo, non diluita (10 1/2 oncia)
- 2 cucchiai di senape di Digione normale o granulosa
- 1 cucchiaio di amido di mais
- 1/2 tazza d'acqua
- pepe a piacere
- 1 cucchiaino di fiocchi di prezzemolo essiccato o 1 cucchiaio di prezzemolo fresco tritato

PREPARAZIONE

1. Lavare il pollo e asciugarlo; disporre nella pentola a cottura lenta. Unire la zuppa alla senape e alla farina di mais; aggiungere l'acqua e mescolare. Mescolare il prezzemolo e il pepe. Versare il composto sul pollo. Coprire e cuocere a BASSA per 6-7 ore. Servire con riso cotto caldo e un contorno di verdure.
2. La ricetta del pollo alla Digione serve da 4 a 6.

Pollo al barbecue a cottura lenta

INGREDIENTI

- pezzi di pollo da 3 a 4 libbre

- 1 cipolla grande, tritata grossolanamente

- 1 bottiglia di salsa barbecue

PREPARAZIONE

1. Metti il pollo sul fondo della pentola a cottura lenta o del crockpot e aggiungi le cipolle e la salsa barbecue. Cuocere a BASSA per circa 6-8 ore, o fino a quando il pollo è tenero ma non si sfalda.
2. Serve da 4 a 6.

Cosce di pollo alla brace in pentola a cottura lenta

INGREDIENTI

- 1/2 tazza di farina

- 1/2 cucchiaino di aglio in polvere

- 1 cucchiaino di senape secca

- 1 cucchiaino di sale

- 1/4 cucchiaino di pepe

- 8 cosce di pollo

- 2 cucchiai di olio vegetale

- 1 tazza di salsa barbecue densa

PREPARAZIONE

1. Metti la farina, l'aglio in polvere, la senape, il sale e il pepe in un sacchetto per alimenti. Aggiungere il pollo, pochi pezzi alla volta, e agitare per ricoprirlo bene. Scaldare l'olio in una padella larga; aggiungere il pollo e rosolare da tutti i lati. Metti metà della salsa barbecue nella pentola di coccio; aggiungere il pollo quindi aggiungere la salsa rimanente. Cuocere a fuoco lento per 6-7 ore, o fino a quando il pollo è tenero e i succhi sono limpidi.

2. Serve da 4 a 6.

Salsa per pasta con pollo e salsiccia a cottura lenta

INGREDIENTI

- 1 cucchiaio di olio d'oliva
- 4 spicchi d'aglio, schiacciati
- 1/2 tazza di cipolla tritata
- 1 peperone rosso, tritato
- 1 peperone verde, tritato
- 1 zucchina piccola, tritata
- 1 lattina (4 once) di funghi
- 1 lattina di pomodori in umido, conditi italiani
- 1 lattina (6 once) concentrato di pomodoro
- 3 salsicce italiane dolci
- 4 metà di petto di pollo disossate, tagliate a strisce
- 1 cucchiaino di condimento italiano•
- fiocchi di peperoncino rosso, a piacere, facoltativi

PREPARAZIONE

1. Scaldare l'olio in padella. Soffriggere cipolla e aglio fino a doratura. Rimuovere.
2. Aggiungere la salsiccia; marrone su tutti i lati. Aggiungere il pollo e cuocere solo fino a doratura. Scolare il grasso in eccesso. Tagliare le salsicce in pezzi da 1 pollice. In una pentola a cottura lenta unire tutti gli ingredienti rimanenti con le cipolle e l'aglio. Aggiungere la salsiccia quindi guarnire con le strisce di pollo.

Coprire e cuocere a BASSA 4-6 ore, finché il pollo è tenero ma non asciutto.
3. Servite questa gustosa salsa sulla pasta cotta calda.
4. Serve 4.

Pollo al curry a cottura lenta

INGREDIENTI

- 2 petti di pollo interi, disossati e tagliati a dadini
- 1 lattina di zuppa di pollo
- 1/4 tazza di sherry secco
- 2 cucchiai. burro o margarina
- 2 cipolle verdi con le cime, tritate finemente
- 1/4 di cucchiaino. Curry in polvere
- 1 cucchiaino. sale
- Un pizzico di pepe
-

riso cotto caldo

PREPARAZIONE

1. Metti il pollo in una pentola. Aggiungere tutti gli altri ingredienti, tranne il riso. Coprire e cuocere a livello Basso per 4-6 ore o ALTO da 2 a 3 ore. Servire su riso caldo.

Pollo Al Curry Con Riso A Lenta Cottura

INGREDIENTI

- 4 petti di pollo disossati e senza pelle, tagliati a strisce o pezzi da 1 pollice
- 2 cipolle grandi, tagliate in quarti e affettate sottilmente
- 3 spicchi d'aglio, tritati
- 1 cucchiaio di salsa di soia o Tamari
- 1 cucchiaino di curry Madras in polvere
- 2 cucchiaini di peperoncino in polvere
- 1 cucchiaino di curcuma
- 1 cucchiaino di zenzero macinato
- 1/3 tazza di brodo di pollo o acqua
- sale e pepe nero macinato fresco, a piacere
-

riso cotto caldo

PREPARAZIONE

1. Mescolare tutti gli ingredienti, tranne il riso, nella pentola a cottura lenta o nella pentola /Crock.
2. Coprire e cuocere a fuoco basso da 6 a 8 ore, o fino a quando il pollo è tenero.
3. Assaggiate e condite con sale e pepe, se necessario.
4. Servire su riso o noodles

Enchiladas di pollo a cottura lenta

INGREDIENTI

-
- 3 tazze di pollo cotto a dadini
- 3 tazze di formaggio misto messicano tritato con peperoni, diviso
- 1 lattina (4,5 once) di peperoncini verdi tritati
- 1/4 tazza di coriandolo fresco tritato
- 1 tazza e 1/2 di panna acida, divisa
- 8 tortillas di farina (8 pollici)
- 1 tazza di salsa di tomatillo
- Guarnizioni consigliate: pomodori a cubetti, cipolle verdi affettate, olive mature, anelli di jalapeno, coriandolo fresco tritato

PREPARAZIONE

1. Ungere leggermente l'inserto delle stoviglie di una pentola a cottura lenta da 4 a 6 quarti.
2. In una ciotola unire il pollo a dadini con 2 tazze di formaggio grattugiato, peperoncini verdi tritati, 1/4 di tazza di coriandolo tritato e 1/2 tazza di panna acida; mescolare per amalgamare gli ingredienti.
3. Versare un po' di composto di pollo al centro delle tortillas, dividendo uniformemente il composto tra tutte e otto le tortillas. Arrotolarli e disporli, con la cucitura rivolta verso il basso, nella pentola a cottura lenta preparata.
4. Se necessario, impilare le tortillas.
5. In una piccola ciotola, unire la salsa con la restante 1 tazza di panna acida. Versare il composto sulle tortillas.
6. Coprire e cuocere a BASSA per 4 ore. Cospargete le tortillas con il restante formaggio grattugiato. Coprire e cuocere a BASSA per circa 20-30 minuti in più.
7. Serve da 4 a 6.

Fricassea di pollo a cottura lenta con verdure

INGREDIENTI

- Da 4 a 6 petti di pollo disossati, senza pelle
- Sale e pepe a piacere
- 2 cucchiai di burro
- 2 spicchi d'aglio, tritati
- 3 cucchiai di farina per tutti gli usi
- 2 tazze di brodo di pollo a basso contenuto di sodio
- 1 cucchiaino di timo in foglie essiccate
- 1/2 cucchiaino di dragoncello in foglie essiccate
- 3-4 carote, tagliate in pezzi da 2 pollici 2-
- 2 cipolle, tagliate a metà, a fette spesse
- 2 porri grandi, solo la parte bianca, lavati e tritati
- 1 foglia di alloro
- 1/2 tazza mezza e mezza o panna leggera
-
1 1/2 tazze di piselli surgelati, scongelati

PREPARAZIONE

1. Lavate i petti di pollo e asciugateli. Mettere da parte. Soffriggere l'aglio tritato nel burro per un minuto, quindi aggiungere la farina e cuocere, mescolando, fino a che liscio. Versare il brodo (è possibile utilizzare 1/4 di tazza di vino bianco secco o sherry al posto di parte del brodo), il timo e il dragoncello e mescolare finché non si addensa. Mettere nella Crock Pot le cipolle, le carote, il pollo e poi i porri; versare la salsa su tutto. Aggiungi la foglia di alloro. Coprire e cuocere su BASSO per 6-7 ore o su ALTO per 3-5 ore.
2. Se la cottura è bassa, cambia in alta e mescola a metà e metà e scongelati i piselli. Coprire e continuare la cottura alla massima potenza per altri 15 minuti, o fino a quando i piselli non si saranno scaldati. Assaggiate e aggiustate i condimenti. Rimuovere la foglia di alloro prima di servire.
3. Serve da 4 a 6.

Pollo a cottura lenta in salsa piccante

INGREDIENTI

- 1/2 sec. succo di pomodoro
- 1/2 sec. salsa di soia
- 1/2 sec. zucchero di canna
- 1/4 sec. Brodo di pollo
- 3 spicchi d'aglio, tritati
- Pezzi di pollo da 3 a 4 libbre, senza pelle

PREPARAZIONE

1. Unire tutti gli ingredienti tranne il pollo in una ciotola profonda. Immergi ogni pezzo di pollo nella salsa. Metti nella pentola a cottura lenta. Versare sopra la salsa rimanente. Cuocere a bassa per 6-8 ore o alta per 3-4 ore.
2. Per 6 porzioni.

Madras di pollo a cottura lenta con polvere di curry

INGREDIENTI

- 3 cipolle, affettate sottilmente
- 4 mele, sbucciate, private del torsolo e affettate sottilmente
- 1 cucchiaino di sale
- 1 o 2 cucchiaini di curry in polvere o a piacere
- 1 pollo fritto, tagliato a pezzi
- paprica

PREPARAZIONE

1. In crockpot, unire cipolla e mele; cospargere con sale e curry in polvere. Mescolare bene. Disporre la pelle del pollo sulla miscela di cipolle. cospargere generosamente di paprika.
2. Coprire e cuocere a BASSA per 6-8 ore, finché il pollo non sarà tenero.
3. Assaggia e aggiungi altri condimenti, se necessario.
4. Serve 4.

Pollo a cottura lenta con funghi

INGREDIENTI

- 6 metà di petto di pollo con osso, senza pelle
- 1 1/4 di cucchiaino di sale
- 1/4 di cucchiaino di pepe
- 1/4 di cucchiaino di paprika
- 1 3/4 cucchiaini di brodo di pollo aromatizzato in granuli o base di pollo
- 1 1/2 tazze di funghi freschi affettati
- 1/2 tazza di cipolle verdi, affettate, con verde
- 1/2 bicchiere di vino bianco secco
- 1/2 tazza di latte evaporato
- 5 cucchiaini di amido di mais
- prezzemolo fresco tritato

PREPARAZIONE

1. Lavare il pollo e asciugarlo. In una ciotola, unire sale, pepe e paprika. Strofinare su tutti i lati del pollo, utilizzando tutto il composto. In una pentola a cottura lenta, alternare strati di pollo, granuli di brodo o base, funghi e cipolle verdi. Versare lentamente sopra il vino. Non mescolare gli ingredienti. Coprire e cuocere in alto per 2 1/2-3 ore o in basso per 5-6 ore o fino a quando il pollo è tenero ma non si sfalda.
2. Con una schiumarola, rimuovi il pollo e le verdure su un piatto da portata o una ciotola. Coprire con un foglio e tenere il pollo al caldo. In una piccola casseruola, unire il latte evaporato e

l'amido di mais, mescolando fino a che liscio. Incorporare gradualmente 2 tazze del liquido di cottura. Mescolando a fuoco medio, portare a ebollizione; continuare a bollire per 1 minuto, o fino a quando non si addensa. Versare un po' della salsa sul pollo e guarnire con prezzemolo, se lo si desidera. Servire con riso o noodles caldi, se lo si desidera.

Cordon Bleu . a cottura lenta

INGREDIENTI

- 6 metà di petto di pollo, disossate, senza pelle - pestate per appiattire leggermente
- 6 fette sottili di prosciutto
- 6 fette sottili di formaggio svizzero
- 1/4 a 1/2 tazza di farina, per ricoprire
- Funghi affettati da 1/2 libbra
- 1/2 tazza di brodo di pollo
- 1/2 bicchiere di vino bianco secco (o usare brodo di pollo)
- 1/2 cucchiaino di rosmarino tritato
- 1/4 tazza di parmigiano grattugiato
- 2 cucchiaini di amido di mais mescolati con 1 cucchiaio di acqua fredda
- Sale e pepe a piacere

PREPARAZIONE

1. Mettere una fetta di prosciutto e una fetta di formaggio su ogni petto di pollo appiattito e arrotolare. Fissate con degli stuzzicadenti e passate ciascuna nella farina per infarinarla. Metti i funghi nella pentola a cottura lenta, poi i petti di pollo. Sbatti insieme il brodo, il vino (se lo usi) e il rosmarino; versare sul pollo. Cospargere con il parmigiano. Coprire e cuocere a fuoco basso per 6-7 ore. Poco prima di servire, togliere il pollo; tenere caldo.

2. Ai succhi nella pentola a cottura lenta, aggiungi la miscela di amido di mais; mescolare fino a quando non si addensa. Salare e pepare, quindi assaggiare e regolare i condimenti. Versare la salsa sugli involtini di pollo e servire.
3. Serve 6.

Pollo di Digione a cottura lenta

INGREDIENTI

- 4 metà di petto di pollo disossate

- 1 cucchiaio colmo di miele Senape di Digione

- sale e pepe nero macinato grossolanamente o pepe stagionato

- 2 pacchetti (8 once ciascuno) di spinaci baby, o 1 libbra di foglie di spinaci freschi lavati e asciugati

- 2 cucchiai di burro, tagliato a pezzetti

- coriandolo fresco tritato o prezzemolo, facoltativo

- mandorle a lamelle tostate, facoltative•

PREPARAZIONE

1. Ungere l'inserto delle stoviglie della pentola a cottura lenta o spruzzare con uno spray da cucina antiaderente.
2. Lavate i petti di pollo e asciugateli.
3. Strofinare il pollo con la senape al miele; Cospargere con sale e pepe.
4. Disporre i petti di pollo nell'inserto per stoviglie della pentola a cottura lenta. Guarnire con gli spinaci.
5. Se la tua pentola a cottura lenta è troppo piccola per tutti gli spinaci, cuocili a vapore brevemente e aggiungi le foglie di spinaci appassite.
6. Cospargere gli spinaci con il burro e cospargere con altro sale e pepe.
7.

8. Guarnire con coriandolo o prezzemolo o cospargere con mandorle tostate prima di servire, se lo si desidera.
9. Coprire e cuocere a BASSA per 5-6 ore.

•Per tostare le mandorle, aggiungere a una padella asciutta a fuoco medio. Cuocere, mescolando continuamente, fino a quando non saranno leggermente dorati e aromatici.

Pollo al limone a cottura lenta

INGREDIENTI

- 1 friggitrice da carne, tagliata, o circa 3 1/2 libbre di pezzi di pollo
- 1 cucchiaino di origano foglia secca sbriciolata
- 2 spicchi d'aglio, tritati
- 2 cucchiai di burro
- 1/4 di tazza di vino secco, sherry, brodo di pollo o acqua
- 3 cucchiai di succo di limone
- Sale e pepe

PREPARAZIONE

1. Condire i pezzi di pollo con sale e pepe. Cospargere metà dell'aglio e dell'origano sul pollo.
2. Sciogliere il burro in una padella a fuoco medio e rosolare il pollo su tutti i lati.
3. Trasferisci il pollo nel crockpot. Cospargere con l'origano e l'aglio rimasti. Aggiungere vino o sherry alla padella e mescolare per allentare i pezzi marroni; versare nella pentola a cottura lenta.
4. Coprire e cuocere a BASSA (200°) per 7-8 ore. Aggiungere il succo di limone l'ultima ora.
5. Scremare il grasso dai succhi e versare in una ciotola da portata; addensare i succhi, se lo si desidera.
6. Servire il pollo con i succhi.
7. Serve 4.

Pollo tirato a cottura lenta

INGREDIENTI

- 1 cucchiaio di burro

- 1 tazza di cipolle tritate

- 1/2 cucchiaino di aglio tritato

- 1 1/2 tazze di ketchup

- 1/2 tazza di confettura di albicocche o confettura di pesche

- 3 cucchiai di aceto di sidro

- 2 cucchiai di salsa Worcestershire

- 2 cucchiaini di fumo liquido

- 2 cucchiai di melassa

- pizzico di pimento

- 1/4 di cucchiaino di pepe nero macinato al momento

- Da 1/8 a 1/4 di cucchiaino di pepe di cayenna macinato

- Petti di pollo disossati da 1 libbra

- 1 libbra di cosce di pollo disossate

PREPARAZIONE

1. In una casseruola media a fuoco medio, sciogliere il burro. Quando il burro sarà spumoso, aggiungere le cipolle tritate e cuocere, mescolando, finché le cipolle non si saranno ammorbidite e leggermente dorate. Aggiungere l'aglio tritato e cuocere, mescolando, per circa 1 minuto in più. Aggiungere il ketchup, la confettura di albicocche, l'aceto, la salsa Worcestershire, il fumo liquido, la melassa, il pimento, il pepe nero e il pepe di Caienna. Fate sobbollire per 5 minuti.
2. Metti 1 1/2 tazze di salsa nell'inserto per stoviglie della pentola a cottura lenta.
3. Riservare la salsa rimanente; mettere in un contenitore e conservare in frigorifero fino al momento di servire. Aggiungi i pezzi di pollo alla pentola a cottura lenta. Coprire e cuocere a BASSA per 4 1/2-5 ore, o fino a quando il pollo è molto tenero e si sminuzza facilmente. Usando una forchetta, sminuzzare i pezzi di pollo.
4. Servire su panini tostati con insalata di cavolo e salsa barbecue extra.
5. Un menu potrebbe includere anche insalata di patate o patate al forno, insieme a fagioli al forno, sottaceti e pomodori a fette. Mi piace l'insalata di cavolo e i sottaceti sul mio barbecue, ma altri condimenti potrebbero includere anelli di peperoncino jalapeno, cipolla rossa affettata sottilmente, cavolo tritato semplice e pomodori o cetrioli a fette.
6. Serve 8.

Salsiccia Affumicata e Cavolo

INGREDIENTI

- 1 cavolo cappuccio piccolo, tritato grossolanamente
- 1 cipolla grande, tritata grossolanamente
- Kielbasa di salsiccia polacca o affumicata da 1 1/2 a 2 libbre, tagliata in pezzi da 1 a 2 pollici
- 1 tazza di succo di mela
- 1 cucchiaio di senape di Digione
- 1 cucchiaio di aceto di sidro
- 1 o 2 cucchiai di zucchero di canna
- 1 cucchiaino di semi di cumino, facoltativo
- pepe, a piacere

PREPARAZIONE

1. Metti a strati il cavolo, la cipolla e la salsiccia in una pentola a cottura lenta da 5 o 6 quarti (per fare in una pentola da 3 1/2 quarti, usa meno cavolo o appassiscilo facendo bollire per circa 10 minuti, quindi scola e aggiungi). Mescolare insieme il succo, la senape, l'aceto, lo zucchero di canna e i semi di cumino, se usati; versare sopra gli ingredienti della pentola a cottura lenta. Spolverare di pepe, a piacere. Coprire e cuocere a fuoco basso per 8-10 ore. Servire con patate e insalata verde, se lo si desidera.

Pollo Spagnolo Con Riso

INGREDIENTI

- 4 metà di petto di pollo, senza pelle
- 1/4 di cucchiaino di sale
- 1/4 di cucchiaino di pepe
- 1/4 di cucchiaino di paprika
- 1 cucchiaio di olio vegetale
- 1 cipolla media, tritata
- 1 peperoncino rosso piccolo, tritato (o peperoncino arrosto tritato)
- 3 spicchi d'aglio, tritati
- 1/2 cucchiaino di rosmarino essiccato
- 1 lattina (14 1/2 oz) di pomodori schiacciati
- 1 confezione (10 once) di piselli surgelati

PREPARAZIONE

1. Condire il pollo con sale, pepe, paprika. In una padella, scaldare l'olio a fuoco medio e rosolare il pollo su tutti i lati. Trasferisci il pollo nella pentola a cottura lenta.
2. In una piccola ciotola unire gli altri ingredienti, ad eccezione dei piselli surgelati. Versare sul pollo. Coprire e cuocere a bassa 7-9 ore o alta 3-4 ore. Un'ora prima di servire, sciacquare i piselli in uno scolapasta sotto l'acqua tiepida per scongelarli, quindi aggiungerli al crockpot. Servire questo piatto di pollo su riso cotto caldo.

Cosce di pollo alla brace di Tami

INGREDIENTI

- da 6 a 8 cosce di pollo congelate
- 1 bottiglia di salsa barbecue densa

PREPARAZIONE

1. Metti le cosce di pollo congelate nella pentola a cottura lenta. Versarci sopra la salsa barbecue. Coprire e cuocere in ALTO per 6-8 ore.
2. •Nota: se inizi con cosce di pollo scongelate, puoi rimuovere la pelle o rosolare prima per ridurre il grasso e cuocere a BASSA per 6-8 ore.

Mozzarella di pollo Crockpot di Tami

INGREDIENTI

- 4 quarti di coscia di pollo
- 2 cucchiai di condimento aglio pepe
- 1 lattina di zucchine con salsa di pomodoro
- 4 once di mozzarella sminuzzata

PREPARAZIONE

1. Disporre il pollo nella pentola a cottura lenta e cospargere con il condimento. Versare le zucchine con salsa di pomodoro sul pollo. Coprire e cuocere a BASSA per 6-8 ore. Cospargere con il formaggio e cuocere finché il formaggio non si scioglie, circa 30 minuti.

chili di pollo bianco

INGREDIENTI

- 4 metà di petto di pollo disossate, private della pelle, tagliate in pezzi da 1/2 pollice

- 1/2 tazza di sedano tritato

- 1/2 tazza di cipolla tritata

- 2 lattine (14,5 once ciascuna) di pomodori stufati, tagliati a pezzi

- 16 once. med. salsa o salsa picante

- 1 lattina di ceci o fagioli del nord, scolati

- da 6 a 8 once. funghi a fette

- Olio d'oliva

PREPARAZIONE

1. Rosolare il pollo in 1 cucchiaio di olio d'oliva. Tritare sedano, cipolla e funghi. Unire tutti gli ingredienti in una pentola a cottura lenta grande; mescolare e cuocere a fuoco lento per 6-8 ore. Servire con crostini di pane o tacos. •Se ti piace il piccante, usa la salsa piccante o la salsa piccante.

Pollo a cottura lenta e fagioli neri

INGREDIENTI

- 3-4 petti di pollo disossati, tagliati a strisce
- 1 lattina (da 12 a 15 once) di mais, scolata
- 1 lattina (15 oz) di fagioli neri, sciacquati e scolati
- 2 cucchiaini di cumino macinato
- 2 cucchiaini di peperoncino in polvere
- 1 cipolla, tagliata a metà e affettata sottilmente
- 1 peperone verde, tagliato a listarelle
- 1 lattina (14,5 once) di pomodori a cubetti
- 1 lattina (6 once) concentrato di pomodoro

PREPARAZIONE

1. Unire tutti gli ingredienti in una pentola a cottura lenta. Coprire e cuocere a fuoco basso per 5-6 ore.
2. Guarnire con formaggio grattugiato, se lo si desidera. Servire il pollo fiesta e i fagioli neri con tortillas di farina scaldate o sopra il riso.
3. Serve 4.

Pollo e condimento, pentola a cottura lenta

INGREDIENTI

- 1 sacchetto di miscela di ripieno condita, da 14 a 16 once
- 3-4 tazze di pollo cotto a dadini
- 3 lattine di zuppa di pollo
- 1/2 tazza di latte
- 1 o 2 tazze di formaggio cheddar delicato, sminuzzato

PREPARAZIONE

1. Preparare il ripieno secondo le indicazioni sulla confezione e metterlo in una pentola di coccio da 5 quarti. Mescolare in 2 lattine di zuppa di crema di pollo. In una terrina, mescolare insieme il pollo a cubetti, 1 lattina di crema di pollo e il latte. Distribuire sul ripieno in una pentola a cottura lenta. Cospargere il formaggio sopra. Coprire e cuocere a bassa per 4-6 ore o alta per 2-3 ore.
2. Serve da 6 a 8.

Pollo e funghi, pentola a cottura lenta

INGREDIENTI

- 6 metà di petto di pollo, con l'osso, senza pelle
- 1 1/4 di cucchiaino. sale
- 1/4 di cucchiaino. Pepe
- 1/4 di cucchiaino. paprica
- 2 cucchiaini di granuli di brodo di pollo
- 1 1/2 tazza di funghi a fette
- 1/2 tazza di cipolle verdi affettate
- 1/2 bicchiere di vino bianco secco
- 2/3 tazza di latte evaporato
- 5 cucchiaini. amido di mais
- Prezzemolo fresco tritato
- riso cotto caldo

PREPARAZIONE

1. In una piccola ciotola, mescolare sale, pepe e paprika. Strofinare tutto il composto nel pollo.
2. In una pentola a cottura lenta, alternare strati di pollo, granuli di brodo, funghi e cipolle verdi. Versare sopra il vino. NON MESCOLARE.
3. Coprire e cuocere su ALTO per 2 1/2-3 ore o su BASSO per 5-6 ore, o fino a quando il pollo è tenero ma non si stacca dall'osso. Se possibile, imburratene uno a metà cottura.

4. Rimuovere il pollo e le verdure su un piatto con una schiumarola.
5. Coprire con pellicola e tenere in caldo.
6. In una piccola casseruola, unire il latte evaporato e l'amido di mais fino a che liscio. Incorporare gradualmente 2 tazze del liquido di cottura. Mescolando a fuoco medio, portare a ebollizione e far bollire per 1 o 2 minuti, o fino a quando non si addensa.
7. Versare un po' della salsa sul pollo e guarnire con prezzemolo tritato. Servire la salsa rimanente a parte.
8. Servire con riso cotto caldo.

Pollo e riso alla parmigiana, pentola a cottura lenta

INGREDIENTI

- 1 busta di zuppa di cipolle mista
- 1 lattina (10 3/4 once) crema condensata di zuppa di funghi, a ridotto contenuto di grassi
- 1 lattina (10 3/4 once) crema condensata di zuppa di pollo, a ridotto contenuto di grassi
- 1 1/2 tazze di latte magro o senza grassi
- 1 bicchiere di vino bianco secco
- 1 tazza di riso bianco
- 6 metà di petto di pollo disossate, senza pelle
- 2 cucchiai di burro
- 2/3 tazza di parmigiano grattugiato

PREPARAZIONE

1. Mescolare zuppa di cipolle, vellutate, latte, vino e riso. Vaso di coccio spray con pam. Adagiare i petti di pollo nella pentola di coccio, guarnire con 1 cucchiaino di burro, versare sopra il composto di zuppa, quindi cospargere con il parmigiano. Cuocere a bassa velocità da 8 a 10 ore o a potenza alta per 4-6 ore. Serve 6.

Pollo e Gamberetti

INGREDIENTI

- 2 libbre di pollo, cosce e petto disossati, senza pelle, tagliati a pezzi
- 2 cucchiai di olio extra vergine di oliva
- 1 tazza di cipolla tritata
- 2 spicchi d'aglio, tritati
- 1/4 tazza di prezzemolo, tritato
- 1/2 bicchiere di vino bianco
- 1 lattina grande (15 once) salsa di pomodoro
- 1 cucchiaino di basilico in foglie essiccate
- 1 libbra di gamberi crudi, sgusciati e puliti
- sale e pepe nero macinato fresco, a piacere
- 1 libbra di fettuccine, linguine o spaghetti

PREPARAZIONE

1. In una padella larga o in una padella antiaderente a fuoco medio, scaldare l'olio d'oliva. Aggiungere i pezzi di pollo e cuocere, mescolando, fino a quando non saranno leggermente dorati. Rimuovi il pollo dalla pentola a cottura lenta.
2. Aggiungere un po' d'olio nella padella e soffriggere la cipolla, l'aglio e il prezzemolo per circa 1 minuto. Togliere dal fuoco e mantecare con il vino, la salsa di pomodoro e il basilico essiccato. Versare il composto sul pollo in una pentola a cottura lenta.
3. Coprire e cuocere a BASSA per 4 o 5 ore.

4. Mescolare i gamberetti, coprire e cuocere a BASSA per circa 1 ora in più.
5. Condire con sale e pepe nero macinato al momento, a piacere.
6. Poco prima che il piatto sia pronto, cuocere la pasta in acqua bollente salata come indicato sulla confezione.

Ricetta Pollo e Ripieno

INGREDIENTI

- 4 metà di petto di pollo disossate, senza pelle
- 4 fette di formaggio svizzero
- 1 lattina (10 1/2 oncia) di crema condensata di zuppa di pollo
- 1 lattina (10 1/2 oncia) di crema condensata di zuppa di funghi
- 1 tazza di brodo di pollo
- 1/4 tazza di latte
- Da 2 a 3 tazze di miscela per farcitura alle erbe di Pepperidge Farm o miscela per farcitura fatta in casa
- 1/2 tazza di burro fuso •Vedi gli appunti di Sandy
- Sale e pepe a piacere

PREPARAZIONE

1. Condire i petti di pollo con sale e pepe; posizionare i petti di pollo nella pentola a cottura lenta.

2. Versare il brodo di pollo sui petti di pollo.

3. Metti una fetta di formaggio svizzero su ogni petto.

4. Combina entrambe le lattine di zuppa e latte. Coprire i petti di pollo con la miscela di zuppa.

5. Cospargere il composto di ripieno su tutto. Spalmare sopra il burro fuso.

6. Cuocere a fuoco basso per 6-8 ore.

Petti di pollo in salsa creola creola

INGREDIENTI

- 1 mazzetto di cipolle verdi (da 6 a 8, con la maggior parte della parte verde)
- 2 fette di pancetta
- 1 cucchiaino di condimento creolo o cajun
- 3 cucchiai di burro
- 4 cucchiai di farina
- 3/4 di tazza di brodo di pollo
- 1 o 2 cucchiai di concentrato di pomodoro
- 4 metà di petto di pollo disossate
- Da 1/4 a 1/2 tazza metà e metà o latte

PREPARAZIONE

1. In una casseruola, sciogliere il burro a fuoco medio basso. Aggiungere le cipolle e la pancetta, cuocere e mescolare per 2 minuti. Aggiungere la farina, mescolare e cuocere per altri 2 minuti. Aggiungere il brodo di pollo; cuocere finché non si addensa quindi aggiungere il concentrato di pomodoro. Mettere i petti di pollo nella pentola a cottura lenta/crock pot; aggiungere il composto di salsa. Coprire e cuocere a fuoco basso per 6-7 ore, mescolando dopo 3 ore. Incorporare il latte circa 20-30 minuti prima di procedere. Servire su pasta o riso.
2. Serve 4.

Chili di pollo con Hominy

INGREDIENTI

- Petti di pollo da 2 libbre, disossati e senza pelle, tagliati in pezzi da 1 a 1 1/2 pollice

- 1 cipolla media, tritata

- 3 spicchi d'aglio, affettati sottilmente

- 1 lattina (15 oz) hominy bianco, scolata

- 1 lattina (14 once) di pomodori a cubetti, non scolati

- 1 lattina (28 once) di tomatillos, scolati e tritati

- 1 lattina (4 oz) di peperoncini verdi delicati

PREPARAZIONE

1. Unire tutti gli ingredienti nella pentola a cottura lenta; mescolare per amalgamare tutti gli ingredienti. Coprire e cuocere a fuoco basso per 7-9 ore o in alto per 4-4 ore e mezza.
2. Serve da 4 a 6.

Delizia di pollo

INGREDIENTI

- Da 6 a 8 petti di pollo disossati e senza pelle
- succo di limone
- Sale e pepe a piacere
- sale di sedano o sale aromatizzato, a piacere
- paprika, a piacere
- 1 lattina di crema di sedano
- 1 lattina di zuppa di funghi
- 1/3 di bicchiere di vino bianco secco
- parmigiano grattugiato, a piacere
- riso cotto

PREPARAZIONE

1. Risciacquare il pollo; asciugare. Condire con succo di limone, sale, pepe, sale di sedano e paprika. Metti il pollo in una pentola a cottura lenta. In una ciotola media mescolare le zuppe con il vino. Versare sui petti di pollo. Cospargere con parmigiano. Coprire e cuocere a fuoco basso per 6-8 ore. Servire il pollo con la salsa sul riso cotto caldo, e passare il parmigiano.
2. Serve da 4 a 6.

Enchiladas di pollo per la pentola a cottura lenta

INGREDIENTI

- 1 confezione. petti di pollo (1 - 1 1/2 libbre)
- 1 vasetto di sugo di pollo
- 1 lattina da 120 g di peperoncini verdi, tritati
- 1 cipolla, tritata
- tortillas di mais
- formaggio grattugiato

PREPARAZIONE

1. Unire il pollo, il sugo, i peperoncini verdi e la cipolla tritata nella pentola a cottura lenta; coprire e cuocere a BASSA per 5 o 6 ore. Togliere il pollo dalla salsa e sminuzzare. Farcire le tortillas di mais con pollo e salsa. Completare con formaggio grattugiato e arrotolare. Mettere in teglia. Versare sopra la salsa in eccesso e cospargere con altro formaggio grattugiato. Infornare a 350° per circa 15-20 minuti.
2. Serve da 4 a 6.

Pollo Las Vegas

INGREDIENTI

- 6 metà di petto di pollo disossate, senza pelle
- 1 lattina di zuppa di funghi
- 1/2 pinta. panna acida
- 1 barattolo (6 oz.) di manzo essiccato e sminuzzato

PREPARAZIONE

1. Mescolare la zuppa, la panna acida e il manzo essiccato. Arrotolare il pollo nel composto, ricoprendolo bene; posto in crockpot. Versare il composto rimanente sul pollo. Coprire e cuocere a BASSA per 5-7 ore, fino a quando il pollo è tenero ma non secco. Servire con riso o noodles caldi.
2. Serve 6.

Pollo alla parigina per la pentola a cottura lenta

INGREDIENTI

- Da 6 a 8 petti di pollo
- sale, pepe e paprika
- 1/2 bicchiere di vino bianco secco
- 1 lattina (10 1/2 oz.) di crema di funghi
- 8 once di funghi affettati
- 1 tazza di panna acida
- 1/4 tazza di farina

PREPARAZIONE

1. Cospargere i petti di pollo con sale, pepe e paprika. Mettere in una pentola a cottura lenta. Mescolare vino, zuppa e funghi fino a quando non saranno ben combinati. Versare sul pollo. Cospargere con la paprika. Coprire e cuocere a fuoco basso per 6-8 ore, o fino a quando il pollo è tenero ma non troppo asciutto. Mescolare la panna acida e la farina insieme; aggiungere alla pentola di coccio. Cuocere per circa 20 minuti in più, fino a quando non si scalda.
2. Servire con riso o pasta.
3. Serve da 6 a 8.

Pollo in casseruola Ruben, pentola a cottura lenta

INGREDIENTI

- 32 once di crauti (vaso o sacchetto), sciacquati e scolati
- 1 tazza di salsa russa
- Da 4 a 6 petti di pollo disossati, senza pelle
- 1 cucchiaio di senape preparata
- 1 tazza di formaggio svizzero grattugiato o Monterey Jack

PREPARAZIONE

1. Disporre metà dei crauti sul fondo della pentola. Versaci sopra 1/3 di tazza di condimento; posizionare sopra 2 o 3 petti di pollo e spalmare la senape sul pollo. Guarnire con i restanti crauti e petti di pollo; versare un'altra tazza di condimento su tutto e conservare la restante tazza di condimento per servire.
2. Coprire e cuocere a fuoco basso per circa 4 ore, o fino a quando il pollo è cotto e tenero. Cospargere di formaggio svizzero e cuocere fino a quando il formaggio non si sarà sciolto.
3. Servire con condimento riservato.
4. Serve da 4 a 6.

Pollo con mirtilli rossi

INGREDIENTI

- 6 petti di pollo disossati e senza pelle
- 1 cipolla piccola, tritata
- 1 tazza di mirtilli freschi fresh
- 1 cucchiaino di sale
- 1/4 cucchiaino di cannella in polvere
- 1/4 di cucchiaino di zenzero macinato
- 3 cucchiai di zucchero di canna o miele
- 1 tazza di succo d'arancia
- 3 cucchiai di farina mescolati con 2 cucchiai di acqua fredda

PREPARAZIONE

1. Metti tutti gli ingredienti, tranne la miscela di farina e acqua, nella pentola a cottura lenta o nella pentola di coccio. Coprire e cuocere a fuoco basso per 6-7 ore, finché il pollo è tenero. Aggiungere la miscela di farina negli ultimi 15-20 minuti e cuocere fino a quando non si addensa. Assaggiate e aggiustate i condimenti.
2. Serve 4.

Pollo con salsa e salsa, pentola a cottura lenta

INGREDIENTI

- 1 confezione (6 once) di briciole di ripieno condite (una miscela di ripieno di tipo "fornello")
- 1 patata grande, tagliata a dadini piccoli
- 1 mazzetto di cipolle verdi, tritate
- 2 coste di sedano, tritate
- 1/2 tazza d'acqua
- 3 cucchiai di burro, divisi
- 1 cucchiaino di condimento per pollame, diviso
- Filetti di pollo da 1 a 1 1/2 libbre o petti disossati
- 1 vasetto (12 once) di sugo di pollo, come Heinz Homestyle Chicken Gravy

PREPARAZIONE

1. In una pentola di terracotta leggermente imburrata o spruzzata, mescola le briciole di ripieno con la patata a cubetti, la cipolla verde, il sedano, 2 cucchiai di burro fuso e 1/2 tazza di acqua. Cospargere con circa 1/2 cucchiaino di condimento per pollame. Ripieno superiore con pezzi di pollo; condire con il burro rimasto e il condimento per pollame. Versare il sugo sul pollo. Coprire e cuocere a fuoco basso per 6-7 ore.

Pollo con maccheroni e formaggio Gouda affumicato

INGREDIENTI

- 1 1/2 libbre di pollo tenero, disossato

- 2 zucchine piccole, tagliate a metà e affettate dello spessore di 1/8 di pollice

- 1 confezione di mix di sugo di pollo (circa 1 oncia)

- 2 cucchiai d'acqua

- Sale e pepe a piacere

- un pizzico di noce moscata macinata, se possibile fresca

- 8 once di formaggio Gouda affumicato, grattugiato

- 2 cucchiai di latte evaporato o panna liquida

- 1 pomodoro grande, tritato

- 4 tazze di maccheroni cotti o pasta piccola a guscio

PREPARAZIONE

1. Tagliare il pollo a cubetti da 1 pollice; posto in crockpot. Aggiungere le zucchine, il sugo, l'acqua e il condimento. Coprire e cuocere per 5-6 ore a fuoco basso. Aggiungere il gouda affumicato, il latte o la panna e il pomodoro tritato nella pentola durante gli ultimi 20 minuti o durante la cottura dei maccheroni. Mescolare i maccheroni cotti caldi.
2. La ricetta del pollo serve 4.

Pollo Con Cipolline E Funghi, Slow Cooker

INGREDIENTI

- Da 4 a 6 petti di pollo disossati, tagliati in pezzi da 1 pollice
- 1 lattina (10 3/4 once) di crema di pollo o crema di pollo e zuppa di funghi mushroom
- 8 once di funghi affettati
- 1 busta (16 once) di cipolline surgelate
- Sale e pepe a piacere
- prezzemolo, tritato, per guarnire

PREPARAZIONE

1. Lavare il pollo e asciugarlo. Tagliare a pezzi di circa 1/2-1 pollice e metterli in una grande ciotola. Aggiungere la zuppa, i funghi e le cipolle; mescolare per unire. Spruzzare l'inserto della pentola a cottura lenta con uno spray da cucina.
2. Versare il composto di pollo nella pentola e cospargere di sale e pepe.
3. Coprire e cuocere a BASSA per 6-8 ore, mescolando a metà cottura, se possibile.
4. Guarnire con prezzemolo fresco tritato, se lo si desidera, e servire su riso cotto caldo o con patate.
5. Serve da 4 a 6.

Pollo Con Ananas

INGREDIENTI

- Bocconcini di pollo da 1 a 1 1/2 libbre, tagliati in pezzi da 1 pollice

- 2/3 tazze di confettura di ananas

- 1 cucchiaio più 1 cucchiaino di salsa teriyaki

- 2 spicchi d'aglio affettati sottilmente

- 1 cucchiaio di cipolla tritata essiccata (o 1 mazzetto di cipolle verdi fresche, tritate)

- 1 cucchiaio di succo di limone

- 1/2 cucchiaino di zenzero macinato

- un pizzico di Cayenna, a piacere

- 1 confezione (10 oz) di piselli zuccherati, scongelati

PREPARAZIONE

1. Metti i pezzi di pollo nella pentola a cottura lenta/crock pot.
2. Unire le conserve, la salsa teriyaki, l'aglio, la cipolla, il succo di limone, lo zenzero e il pepe di Caienna; mescolare bene. Spoon sopra il pollo, mescola per ricoprire.
3. Coprire e cuocere a fuoco basso 6-7 ore. Aggiungere i piselli negli ultimi 30 minuti.
4. Serve 4.

Capitano di campagna Chicken

INGREDIENTI

- 2 mele Granny Smith di medie dimensioni, private del torsolo e tagliate a dadini (non sbucciate)
- 1/4 tazza di cipolla tritata finemente
- 1 peperone verde piccolo, privato dei semi e tritato finemente
- 3 spicchi d'aglio, tritati
- 2 cucchiai di uvetta o ribes
- 2 o 3 cucchiaini di curry in polvere
- 1 cucchiaino di zenzero macinato
- 1/4 di cucchiaino di pepe rosso macinato o a piacere
- 1 lattina (circa 14 1/2 oz.) di pomodori a cubetti
- 6 metà di petto di pollo disossate, senza pelle skin
- 1/2 tazza di brodo di pollo
- 1 tazza di riso bianco convertito a chicco lungo
- 1 libbra di gamberi medio-grandi, sgusciati e svenati, crudi, facoltativo
- 1/3 di tazza di mandorle a lamelle
- sale kosher
- Prezzemolo tritato

PREPARAZIONE

1. In una pentola a cottura lenta da 4 a 6 quarti, unire mele a cubetti, cipolla, peperone, aglio, uvetta dorata o ribes, curry in

polvere, zenzero e pepe rosso macinato; mantecare con i pomodori.
2. Disporre il pollo sul composto di pomodoro, sovrapponendo leggermente i pezzi. Versare il brodo di pollo sulle metà del petto di pollo. Coprire e cuocere a fuoco LOW fino a quando il pollo è molto tenero quando viene infilzato con una forchetta, circa 4-6 ore.
3. Rimuovere il pollo su un piatto caldo, coprire leggermente e tenere al caldo in un forno a 200 ° F o in uno scaldavivande.
4. Mescolare il riso nel liquido di cottura. Aumentare la temperatura al massimo; coprire e cuocere, mescolando una o due volte, fino a quando il riso è quasi tenero, circa 35 minuti. Mescolare i gamberetti, se si utilizza; coprire e cuocere per circa 15 minuti in più, finché i gamberi non saranno opachi al centro; tagliata a prova.
5. Nel frattempo, tostare le mandorle in una piccola padella antiaderente a fuoco medio fino a doratura, mescolando di tanto in tanto. Mettere da parte.
6. Per servire il piatto, condire la miscela di riso a piacere con sale. Montare in un piatto da portata caldo; disporre il pollo sopra. Cospargere con prezzemolo e mandorle.

Pollo di campagna e funghi

INGREDIENTI

- 1 vasetto di sugo di campagna

- 4-6 petti di pollo chicken

- 8 once di funghi a fette

- Sale e pepe a piacere

PREPARAZIONE

1. Unire tutti gli ingredienti; coprire e cuocere a fuoco basso per 6-7 ore. Servire con riso o pasta.
2. Serve da 4 a 6.

Pollo ai mirtilli

INGREDIENTI

- 2 libbre di petto di pollo disossato, senza pelle skin
- 1/2 tazza di cipolla tritata
- 2 cucchiaini di olio vegetale
- 2 cucchiaini di sale
- 1/2 cucchiaino di cannella in polvere
- 1/4 di cucchiaino di zenzero macinato
- 1/8 cucchiaino di noce moscata macinata
- pimento macinato dash
- 1 tazza di succo d'arancia
- 2 cucchiaini di scorza d'arancia finemente grattugiata
- 2 tazze di mirtilli rossi freschi o congelati
- 1/4 tazza di zucchero di canna

PREPARAZIONE

1. Rosolare nell'olio i pezzi di pollo e la cipolla; cospargere di sale.
2. Aggiungi il pollo rosolato, le cipolle e gli altri ingredienti nella pentola di coccio.
3. Coprire e cuocere a BASSA 5 1/2 a 7 ore.
4. Se lo si desidera, addensare i succhi verso la fine del tempo di cottura con una miscela di circa 2 cucchiai di amido di mais uniti a 2 cucchiai di acqua fredda.

Pollo Italiano Cremoso

INGREDIENTI

- 4 metà di petto di pollo disossate e senza pelle
- 1 busta di condimento per insalata italiano
- 1/3 di tazza d'acqua
- 1 confezione (8 once) di formaggio cremoso, ammorbidito
- 1 lattina (10 3/4 oz.) crema condensata di zuppa di pollo, non diluita
- 1 lattina (4 once) di gambi e pezzi di funghi, scolati
- Riso o noodles cotti caldi

PREPARAZIONE

1. Metti le metà del petto di pollo in una pentola a cottura lenta. Unire il condimento per insalata e l'acqua; versare sul pollo. Coprire e cuocere a BASSA per 3 ore. In una piccola ciotola, sbatti insieme il formaggio cremoso e la zuppa fino a quando non si saranno amalgamati. Unire i funghi. Versare il composto di crema di formaggio sul pollo. Cuocere da 1 a 3 ore in più o fino a quando i succhi di pollo non diventano trasparenti. Servire il pollo italiano con riso o noodles cotti caldi.
2. Serve 4.

Crockpot Turchia e Quesadillas

INGREDIENTI

- 1 petto di tacchino, circa 5 libbre, con l'osso
- 3/4 di tazza di prezzemolo, diviso
- 1/2 tazza di olio vegetale
- 2 cucchiai di sale
- 2 cucchiai di pepe nero
- 1 tazza di aceto di mele

PREPARAZIONE

1. Metti il tacchino in una pentola a cottura lenta grande. Mescolare 1/2 tazza di prezzemolo tritato, olio vegetale, sale, pepe e aceto; versare sul petto di tacchino. Cospargete sopra il prezzemolo rimasto. Cuocere da 4 a 4 ore e 1/2 in modalità alta o da 8 a 9 ore in modalità bassa. Togliere dalla pentola a cottura lenta e lasciare riposare 15 minuti prima di affettare.
2. Serve 6.
3. Per preparare le Ouesadillas di tacchino: scaldare 1 cucchiaino di olio in una padella a fuoco medio. Metti una tortilla di farina nella padella e spalma con circa 1/2 tazza di miscela di formaggio in stile messicano e da 1/4 a 1/2 tazza di tacchino a dadini.
4. Completare con una seconda tortilla. Cuocere fino a quando il formaggio inizia a sciogliersi. Girare con una spatola e rosolare dall'altro lato. Tagliare la quesadilla in quarti e servire con la salsa.
5. Serve 6

Petto di tacchino con marmellata

INGREDIENTI

- petto di tacchino (da inserire nel crockpot)

- 1 vasetto di marmellata di arance o marmellata di arance all'ananas

- cannella

PREPARAZIONE

1. Metti un petto di tacchino nella pentola a cottura lenta/coccio, versa 1 vasetto di marmellata di arance o ananas/arance sul petto e cospargi un po' di cannella sopra. Cuocere a fuoco basso per 6-8 ore o in alto per circa 4 ore.

Casseruola di tacchino e broccoli a cottura lenta

INGREDIENTI

- 8 once di funghi

- 2 cucchiai di burro

- 1 lattina (10 3/4 once) di zuppa di funghi dorati condensata

- 5 cucchiai di maionese, circa 1/3 di tazza

- 3 cucchiai di latte

- 1 cucchiaio di senape preparata

- 1/4 di cucchiaino di pepe nero

- 4 tazze di tacchino cotto a dadini

- 16 once di broccoli tagliati surgelati

- 1 tazza di formaggio americano grattugiato

-

1/4 tazza di mandorle tostate•, opzionale

PREPARAZIONE

1. Spruzzare all'interno del crockpot con uno spray da cucina o ungere leggermente con il burro.
2. In una padella a fuoco medio-basso, rosolare i funghi affettati nel burro finché sono teneri. In crockpot, unire funghi, zuppa, maionese, latte, senape e pepe. Unire il tacchino tagliato a dadini e i broccoli. Coprire e cuocere a bassa temperatura per 5 ore. Mescolare il formaggio; coprire e cuocere 30 minuti in più. Cospargere con mandorle tostate, se lo si desidera, appena prima di servire.
3. Serve 6.

•Per tostare le noci, stenderle in un unico strato su una teglia. Tostare in forno a 350°, mescolando di tanto in tanto, per 10-15 minuti. Oppure, tostare in una padella non unta a fuoco medio, mescolando, fino a doratura e aromatica.

Torta di tacchino a cottura lenta

INGREDIENTI

- 3 tazze di pollo o tacchino cotto a dadini
- 2 lattine (14 1/2 once ciascuna) di brodo di pollo
- 1/2 cucchiaino di sale
- 1/2 cucchiaino di pepe
- 1 gambo di sedano, affettato sottilmente
- 1/2 tazza di cipolla tritata
- 1 piccola foglia di alloro
- 3 tazze di patate a cubetti
- 1 confezione di verdure miste surgelate (16 once)
- 1 tazza di latte
- 1 tazza di farina
- 1 cucchiaino di pepe nero
- 1/2 cucchiaino di miscela di condimento per pollame
- 1/2 cucchiaino di sale
- 1 crosta di torta refrigerata da 9 pollici

PREPARAZIONE

1. Unisci pollo, brodo di pollo, 1/2 cucchiaino di sale, 1/2 cucchiaino di pepe, sedano, cipolla, alloro, patate e verdure miste in una pentola a cottura lenta. Coprire e cuocere a bassa temperatura da 7 a 9 ore o a temperatura alta da 3 1/2 a 4 1/2 ore. Rimuovere la foglia di alloro.
2. Scaldare il forno a 375°. In una piccola ciotola, mescolare il latte e la farina. Mescolare gradualmente la miscela di farina e latte nella pentola a cottura lenta. Mescolare pepe, condimento per pollame e sale. Rimuovere il rivestimento dalla base della pentola a cottura lenta e posizionare con cura la crosta di torta da 9 pollici sul composto.
3. **Mettere le stoviglie all'interno del forno preriscaldato e cuocere (scoperto) per circa 15-20 minuti, o fino a doratura. Se la vostra fodera non è rimovibile o è troppo grande per la crosta, mettete il composto in una casseruola, coprite con la pasta frolla e infornate come sopra.**
4. Serve 8.

www.ingramcontent.com/pod-product-compliance
Lightning Source LLC
Chambersburg PA
CBHW071818080526
44589CB00012B/833